ROLF KOHRING
QUO VADIS BERLIN?

Rolf Kohring

Quo vadis Berlin?

Satirische Impressionen
aus einer schrecklich netten Stadt

freie edition

© 2011
AAVAA Verlag UG (haftungsbeschränkt)
Quickborner Str. 78 – 80, 13439 Berlin
Alle Rechte vorbehalten

www.aavaa-verlag.de

1. Auflage 2011

Umschlaggestaltung:
Caroline Seidig

Printed in Germany
ISBN 978-3-86254-605-3

Für Caro und Karo

Heinrich Spoerl eröffnete sein bekanntes Buch
„Die Feuerzangenbowle" mit den Worten:

„Dieser Roman ist ein Loblied auf die Schule,
aber es ist möglich, dass die Schule es nicht merkt."

Dies ist ein Loblied auf Berlin,
aber es ist durchaus möglich,
dass die Stadt es auch nicht merkt.

INHALT

Vorwort

„Im alten Spandau an der blauen Havel
steht eine Schleuse und die riecht nach Fisch,
jedoch am Schleusentor winkt eine Tafel,
da steht geschrieben: Wasser täglich frisch.

(Ulrich Roski, Des Schleusenwärters blindes Töchterlein)

Ach, Berlin. Damals, als jenseits jeglicher Technisierung klare Informationen vermittelt wurden. Heute glänzt die Stadt zwar mit blinkenden Informationssäulen, mit dem Eintreten von Ereignissen oder Einfahren von Zügen haben diese jedoch oftmals nichts zu tun. Doch wie konnte es überhaupt soweit kommen? Und wie war das früher? Und wie wird es weitergehen? Befragen wir hierfür die Wissenschaft, braucht es selbstverständlich zunächst einen befugten Wissenschaftler. Selbiger fand sich an der Freien Universität Berlin und wandte sich für einen gewissen Zeitraum von fernen Betrachtungsorten wie dem Steirischen Becken, dem Aralsee und Mosambik ab, um sich dem Hier und Früher zwischen Spandau und Pankow zu widmen.

Während der habilitierte Autor sich im ersten Leben der Suche nach fossilen Singvogeleiern oder Insekten aus dem Jura hingibt, erliegt er nun vielmehr der feinsinnigen Betrachtung unserer liebenswerten Hauptstadt, in der sich immerhin der eine oder andere fossile Mitbürger und ein Haufen rezenter Tiere finden.

„Die Wissenschaft und das kabarettistische Schreiben sind sich nicht unähnlich – bei beidem muss man ziemlich um die Ecke denken." so der Autor. Sein Denken sei schon als Kind von meinem Vater Ulrich Roski geprägt worden – niemals direkt, dafür mit der Liebe zur Pointe. Eins und eins zusammenzählen liefert dann die entsprechenden Kausalschlüsse, das wusste auch schon Roski's Berliner Bühnenfigur „Schwoche":

„Um aus der Sicht der Wissenschaft
hier noch etwas beizutragen,
würde ich wie folgend sagen:
Die Havel ist ein nasser Ort,
drum treibt man dort den Wassersport."

Womit wir auch gleich wieder bei Berlin wären, seinen Tugenden und Traditionen und vor allem seinen Charakteren. Ich wünsche vergnügliche Lesefreuden für alle Alt- und Neu-Berliner!

Sandra Roski

1. Kurze Gebrauchsanweisung

Ein gewisser Ernst Dronke besuchte im Jahr 1846 die Stadt Berlin, studierte die höchst seltsame Bevölkerung und schrieb ein Buch über alles, was er erlebt hatte. Anschließend wurde das Buch von der Zensur verboten und der Autor wegen Beleidigung der Berliner Polizei zu zwei Jahren Festungshaft verurteilt. Offenbar hatte er die Wahrheit geschrieben.

Dies ist ebenfalls ein Buch über Berlin und seine höchst seltsame Bevölkerung. Ob es mir allerdings zwei Jahre Festungshaft einbringen wird, bleibt abzuwarten. Nun komme ich eigentlich aus den Naturwissenschaften. Wissen Sie, was Naturwissenschaftler so den ganzen Tag machen? Also beruflich? Vermutlich nicht, falls Sie einen anständigen Beruf ausüben. Naturwissenschaftler machen etwas ganz Einfaches. Sie beobachten Dinge, zählen eins und eins zusammen und stellen fest, dass das zwei ergibt. Sie sind also entsprechend überrascht. Und dann können sie aber auch ganz genau erklären, warum das so ist. Also, warum sie überrascht sind.

Ich habe dieses beeindruckende Prinzip einfach auf die schrecklich nette Stadt Berlin übertragen. Mit wissenschaftlicher Akribie habe ich in jahrelangen Feldstudien und anstrengenden Expeditionen durch den urbanen Dschungel die Berliner Bevölkerung bei ihrem höchst unverständlichen Tun beobachtet, heimlich, in freier Wildbahn. Dann habe ich eins und eins zusammengezählt und war entsprechend überrascht.

Ich muss allerdings mit einem eher peinlichen Geständnis beginnen und hoffe, dass Sie das Ganze vertraulich behandeln. Sie würden es vermutlich ohnehin erfahren. Also das Problem ist: ich bin zwar in West-Berlin aufgewachsen, geboren bin ich aber im Osten.

Und zwar im Osten von Stuttgart. Sie lachen vielleicht, aber das ist doppelt hart. Denn der Makel blieb: ich habe schwäbischen Migrationshintergrund. Doch da ich bereits als ganz kleines Kind nach Berlin kam, habe ich mich früh mit dieser Stadt identifiziert. Ja, geradezu infiziert und wollte deswegen schon immer ein Buch über Berlin schreiben. Zunächst sollte es: „Die schönste Zeit meines Lebens" heißen. Aber das war ganz eindeutig zweideutig. Unbedarfte Leser würden diesen Titel ohnehin kaum mit der Stadt Berlin in Verbindung bringen. Nun heißt es also „Quo vadis Berlin?" – „Wohin gehst du Berlin?", und das erinnert ja immerhin an altrömische Dekadenz und schlecht singende Regierungschefs.

Dieses Buch handelt also von Berlin. Nun gibt es viele Bücher über Berlin und jedes ist irgendwie anders. Dieses hier ist besonders anders. Ich kenne Berlin nämlich wie meine Westentasche, gebe aber immerhin ehrlich zu, dass ich meine Westentasche nicht ganz genau kenne. Unklar bleibt vermutlich trotz zahlreicher entlarvender Eindrücke, ob ich eine heimliche Sympathie zur Bevölkerung hege oder eher eine unheimliche. Dieses Buch ist jedenfalls ungeeignet für solche, die gerne anderen auf die Nerven gehen, etwa Politiker, Kampfhundbesitzer und Radfahrer sowie für die üblichen Minderheiten. Also Männer, Frauen und Kinder. Ich wollte es wenigstens gesagt haben.

2. Willkommen in der Großstadt

Berlin ist eine der schönsten Städte der Welt. Die Bewohner sind stets freundlich, zuvorkommend und hilfsbereit, und das kulturelle Angebot der Metropole ist schier unerschöpflich.

Das behauptet jedenfalls die Tourismusbranche. Natürlich wissen wir, dass Berlin keineswegs eine schöne Stadt ist, schon gar nicht, wenn wir sie mit anderen Städten vergleichen, wie etwa Zwickau oder Gelsenkirchen. Die Menschen, die in Berlin leben, sind auch nicht immer durchweg freundlich und hilfsbereit. Und so haben die lobpreisenden Worte schon seit Jahrzehnten Millionen von Menschen aus aller Welt dazu verleitet, unvorsichtigerweise nach Berlin zu kommen. Bei dem Versuch, die ahnungslosen Fremden in die Großstadt zu locken, schreckt die Tourismusbranche nämlich vor nichts zurück.

So wurde 1951 der Sänger Bully Buhlan gezwungen, ein Lied zu singen, wonach er noch einen Koffer in Berlin habe. Aber mal ehrlich: müsste einen dieses zweifelhafte Liedgut nicht eher skeptisch stimmen? Es zeigt doch, dass der bedauernswerte Künstler der Stadt ganz offensichtlich in großer Eile und mit panischem Entsetzen den Rücken gekehrt hat. Warum sonst hätte er einen so wichtigen Gegenstand wie einen Koffer freiwillig zurückgelassen?

Aber diese verbrecherischen Methoden lassen sich noch viel weiter zurück verfolgen. 1899 wurde dem bis dahin wenig bekannten Komponisten Paul Lincke versprochen, dass nach seinem Ableben in Berlin eine Straße seinen Namen tragen würde, wenn er nur bereit wäre, ein nettes Loblied auf die Stadt zu schreiben. Offensichtlich war Paul Lincke ein sehr ironischer Mensch, denn er besang etwas, was weder ein Berliner noch sonst irgendein Großstädter jemals freiwillig oder gar lobend erwähnen würde: nämlich die Luft. Ja, wenn er den berühmten „Berliner Lärm" besungen hätte – dagegen wäre freilich nichts einzuwenden gewesen.

Sogar die Melodie hätte so bleiben können: „Das ist der Berliner Lärm, Lärm, Lärm, für den ich so gerne schwärm, schwärm, schwärm!" Diese überaus feine Ironie missfiel den damaligen Stadtvätern natürlich. Es wurde jedenfalls später keine Straße, sondern nur ein Ufer nach ihm benannt. Und zur Strafe ausgerechnet in Kreuzberg.

Ebenfalls im ausgehenden 19. Jahrhundert empfahl der Operettenkomponist Franz von Suppé seinen jungen Mitbürgern in Österreich: „Du bist verrückt mein Kind, du musst nach Berlin!" Österreichische Verrückte gehören nach Berlin? Das wurde 1933 eindrucksvoll bewiesen.

Wie auch immer, selbst allergrößte Warnungen haben zahllose Touristen nicht davon abhalten können, eine Reise nach Berlin zu unternehmen, denn, so ein bekannter Slogan, Berlin sei doch schließlich eine solche wert. Als Bewohner dieser Stadt hat man jedoch ein Problem, wenn man Besuch aus der ländlichen Provinz bekommt, von jemandem, der erstmals sein angestammtes Dorf verlassen hat, um nun das zweifelhafte Flair einer Großstadt zu erleben. Es gilt zunächst, den unbedarften Neuankömmling möglichst geschickt an das hektische Treiben zu gewöhnen, ihn mit den absonderlichen Ritualen und Bräuchen der Metropole vertraut zu machen. Noch ahnt er ja nicht, worauf er sich eingelassen hat.

So ist es zum Beispiel nicht ratsam, den Besucher gleich am ersten Abend zu einer Mai-Demonstration nach Kreuzberg mitzunehmen. Selbst wenn er dort nur das Paul-Lincke-Ufer besichtigen möchte. Überhaupt sollte man vorläufig Orte meiden, wo unser Gast auf zu viele Menschen trifft, also etwa im öffentlichen Nahverkehr, in Supermärkten und auf Friedhöfen. Auf einen Besuch der Waldbühne sollte man ebenfalls zunächst verzichten, dort könnten einfach zu viele Menschen sein. Es sei denn, es handelt sich um eine Veranstaltung der SPD.

Als ein Ort, an dem diese notwendige Eingewöhnung besonders gut gelingt, hat sich der Grunewaldsee erwiesen. Hier trifft unser Gast aus der Provinz auf etwas, das er bereits gut kennt: auf nahezu unberührte Natur. Ein See in einem Wald, was kann da schon schiefgehen? Einzig die Tatsache, dass an einem ganz gewöhnlichen Werktag um zwei Uhr nachmittags der Parkplatz am See voller Autos ist, macht unseren Besucher etwas misstrauisch. Wir entschließen uns zu einer Notlüge und versichern glaubwürdig, es handele sich dabei lediglich um die Fahrzeuge von Förstern und Waldarbeitern. So lässt sich unser Gast zu einer Wanderung rund um den Grunewaldsee überreden. Wir haben Glück, es gibt kaum Spaziergänger, das Wetter ist schön und auf dem See tummeln sich die Haubentaucher. Besonders beeindruckt ist unser Landfreund von der Vielfalt der Bäume, denn es gibt hier große Kiefern und kleine Kiefern. Schon vernehmen wir seine Worte, wie schön es hier doch sei, und, dass er sich Berlin so ruhig gar nicht vorgestellt hätte.

Und dann geschieht das Unfassbare. Ohne jede Vorwarnung, völlig unvorbereitet, trifft unseren Besucher der Schlag. Wir durchschreiten, direkt am Ufer des Sees, einen Nacktbadestrand. Das ist in Berlin gewöhnlich kein Anblick für feinsinnige Ästheten. Es mag sein, dass der niederländische Maler Peter Paul Rubens einst begeistert gewesen wäre, aber unserem Bekannten fällt er sichtlich schwer, dieser Gang durch das Nudistenfreigehege. Kein Wunder, laufen Sie mal fünfzig Meter mit geschlossenen Augen. Und zwar geradeaus. Mit den Worten, wir hätten nun das Schlimmste überstanden, entschließen wir uns zu einer zweiten Notlüge. Denn kaum haben wir die Nordspitze des Sees erreicht, blicken wir auf den seltsamsten Ort von ganz Berlin.

Ja, auch so etwas gibt es in dieser Stadt: eine Hundebadestelle. Lustig und aufgeregt springen und tollen die überglücklichen Vierbeiner im Wasser herum. Übrigens auch ganz unbekleidet. Verlässt ein Tier das kühle Nass und schüttelt sich das durchtränkte Fell, dann kann man an warmen Sonnentagen auch als Spaziergänger beim Vorübergehen eine erfrischende Abkühlung genießen. Und zwar völlig umsonst!

Hier hat unser Besucher schließlich die einmalige Gelegenheit, ganz legal von einem Kampfhund gebissen zu werden. Ein einzigartiges Erlebnis! Für beide. Da Hundehalter erfahrungsgemäß zunächst nur am Wohl ihrer Tiere interessiert sind, schauen sie dem bunten Treiben entspannt zu. Es empfiehlt sich daher, auch andere Hunde in das lustige Spiel mit einzubinden, denn erst wenn die Tiere anfangen, sich ineinander zu verbeißen, greifen ihre Besitzer verantwortungsvoll ein. Unser Berlinbesucher hat nun seine erste Lektion gelernt: in Berlin ist es wie überall auf der Welt. Nur eben ganz anders. Der Rundgang um den Grunewaldsee hat sogar noch einen weiteren Vorteil für unseren Gast, denn er kann als logische Folge einen anderen interessanten Ort in Berlin kennen lernen, nämlich das Urban-Krankenhaus. Hier kann er sich von der hervorragenden medizinischen Versorgungslage der Stadt selbst ein Bild machen und er wird das Gebäude schon nach wenigen Tagen wieder verlassen können. Willkommen in der Großstadt!

3. Berliner Vergangenheit

„In Berlin, in Berlin
lernt der Michel Disziplin."

Georg Herwegh (1874)

Um Berlin und seine seltsame Bevölkerung zu verstehen, sollte man zunächst die Geschichte der Stadt kennen. Sie kann hier rasch erzählt werden, denn Berlin ist nicht so alt wie Rom oder Jerusalem oder Düsseldorf.

Im Jahr 1987 feierte die Berliner Bevölkerung in Ost und West voller Begeisterung und Stolz den 750. Geburtstag ihrer Stadt. Auch ohne technische Hilfsmittel lässt sich leicht ausrechnen, dass Berlin demzufolge im Jahr 1237 gegründet wurde. Und wie sich das für das Selbstverständnis dieser Weltstadt gehört: das stimmt natürlich nicht. Im Jahr 1237 wurde die Stadt lediglich erstmals in einer Urkunde erwähnt. Und zwar merkwürdigerweise unter dem Namen Cölln. Ein völlig unbedeutendes Nachbardorf mit den Namen Berlin wurde erst viele Jahre später genannt. Vermutlich war es ein aufmerksamer Cöllner Erdkundelehrer, dem nach einiger Zeit auffiel, dass es in Deutschland eine Stadt mit einem vergleichbaren Namen bereits gab. Und so machten die Cöllner aus der Not eine Tugend, gaben den bereits vergebenen Namen auf und taten sich dann im Jahr 1306 mit Berlin zusammen, um diesen geographischen Fehltritt zu vertuschen.

Es gibt übrigens bis heute das Vorurteil, der Name Berlin habe irgendetwas mit dem Wappentier der Stadt, dem Bären, zu tun. Auch das stimmt selbstverständlich nicht. Das mit dem Bären geht vielmehr auf einen Markgrafen zurück, der gut hundertfünfzig Jahre zuvor erst die erfreulich menschenleere Prignitz und dann das Havelland erobert hatte: Albrecht der Bär. Da Berlin noch kein Wappentier hatte, stellte er für diesen guten Zweck seinen Nachnamen zur Verfügung. Der Name Berlin geht stattdessen auf das Wort „berl" zurück. Es stammt aus dem

Slawischen und bedeutet so viel wie „Sumpf". Das würde manches erklären.

Es folgte durch die Jahrhunderte eine stattliche Reihe von Markgrafen, die dafür sorgten, dass aus dem kleinen Kaff so nach und nach ein größeres Kaff wurde. Von gewisser Bedeutung war die Regierungszeit von Friedrich Wilhelm von Brandenburg, der einen ganz besonderen Beinamen erhielt: „Der Große Kurfürst". Nach ihm ist heute noch in Berlin ein Damm benannt. Sein Sohn, Friedrich der Dritte, wurde schließlich 1701 der erste König in Preußen, musste sich aber trotz der beruflichen Verbesserung namentlich auf Friedrich den Ersten herunterstufen lassen. Aber immerhin, Berlin war nun die Königliche Hauptstadt von Preußen.

Es folgten in den kommenden Jahrzehnten zahlreiche preußische Könige, die alle entweder Friedrich oder Wilhelm hießen. Oder Friedrich Wilhelm. Da es wohl keine anderen Vornamen gab, wurden die Herren alle nacheinander durchnummeriert. Schon der nächste König konnte sich nicht recht zwischen den beiden Namen entscheiden und nannte sich Friedrich Wilhelm der Erste. Besser bekannt ist er jedoch unter dem prahlerischen Begriff „Soldatenkönig". Reine Angeberei, denn alle anderen Könige hatten bekanntlich auch ihre Soldaten. Weniger bekannt ist, dass dieser König 1734 eine gewaltige Stadtmauer von drei Metern Höhe um Berlin herum errichten ließ. Das mit der Mauer muss in Berlin wie mit der Mode sein, alles kommt immer mal wieder.

Der wohl berühmteste preußische Throninhaber aber war Friedrich der Zweite. Er war nämlich nicht nur König, sondern er sprach, wie es sich für einen echten Berliner gehört, auch perfekt Französisch. Das hatte damit zu tun, dass er nebenberuflich vermutlich ein Geheimagent war. Das würde jedenfalls gut erklären, warum seine Schrift so unleserlich ist. Auch die zahlreichen Decknamen deuten darauf hin. Manchen ist er als „Friedrich der Große" bekannt, ein Tarnname, der von seiner eher durchschnittlichen Körpergröße von einem Meter neunundsechzig ablenken soll. Andere wiederum kennen ihn nur unter dem Kürzel „Der Alte Fritz". Und das, obwohl er die meiste Zeit seines Lebens überhaupt nicht alt war.

Die größte Leidenschaft preußischer Könige war das Führen erfolgreicher Angriffskriege. Das war damals noch erlaubt. Irgendwie verständlich, denn andere Möglichkeiten, seine Kräfte mit denen der benachbarten Länder und Nationen zu messen, gab es ja noch nicht, wie etwa eine Fußballweltmeisterschaft. Einen besonders erfolgreichen Krieg führten die Preußen mit Frankreich im Jahr 1870. Lange Zeit stand es unentschieden, und man musste in die Verlängerung. 1871 gelang den Preußen dann der unerwartete Auswärtssieg, unterstützt durch andere deutschsprachige Länder sowie dem Königreich Bayern.

Zur Belohnung vereinigten sich die deutschen Staaten zu einem großen Deutschen Reich. Und, wie es sich nach einem ruhmreichen Auswärtssieg gehört, hatten die Deutschen nun endlich wieder einen Kaiser: Wilhelm der Erste. Offenbar ahnte man bereits, dass da noch mehr kommen würden. Nach dem Heiligen Römischen Reich Deutscher Nation war dieses Kaiserreich nun also das Zweite Reich auf deutschem Boden. Und es war, wie wir wissen, diesbezüglich nicht das Allerletzte. Als sein einflussreichster Politiker gilt bis heute Otto von Bismarck. Bekannt wurde er durch die Sozialgesetzgebung und den gleichnamigen Hering. In Berlin ist Bismarck bis heute hoch verehrt, war er doch der erste Bundeskanzler, mindestens der des Norddeutschen Bundes, später gar der erste Reichskanzler. Vor allem aber galt er damals als Europas bedeutendster Trunkenbold. Das kommt in Berlin immer gut an.

Nach einer jahrzehntelangen Phase des ungewohnten Friedens beschloss Kaiser Wilhelm der Zweite – und wie wir inzwischen wissen auch Wilhelm der Letzte – mal wieder einen Krieg zu führen. Und weil es nun schon so lange keinen mehr gegeben hatte, sollte er diesmal besonders groß ausfallen. Viele Staaten missverstanden hier leider das Olympische Motto und wollten dabei sein. 1918 endete nicht nur der Krieg, sondern auch die Kaiserzeit.

Beides hing wohl irgendwie zusammen. Und wieder rückte Berlin in der Folgezeit in den Mittelpunkt des Geschehens, denn viele politische Persönlichkeiten versuchten hier, je nach Gesinnung, eine Republik auszurufen. Jedoch vergeblich, in Berlin war es auch damals schon einfach viel zu laut und niemand verstand irgendetwas. So zog man sich in das beschauliche Weimar zurück und gründete dort eine Republik.

Kurz danach, nämlich 1920, wurde Berlin wieder deutlich vergrößert, indem einfach zahlreiche Ortschaften schlichtweg und ungefragt eingemeindet wurden. So etwas kommt in der Geschichte der Stadt öfter vor. Berlin hatte nun über vier Millionen Einwohner, den Kaiser und sein Gefolge mal nicht mitgerechnet. Die Stadt war allerdings jetzt unübersichtlich groß und viele Menschen konnten sich verirren. Übrigens auch politisch.

Über diese Weimarer Republik ist daher manch vernichtendes Urteil gefällt worden. Und doch: diese Republik war ihrer Zeit weit voraus. Um zum Beispiel auch den armen Menschen das Gefühl von Wohlstand und Reichtum zu geben, wurde einfach die Inflation erfunden. Und tatsächlich: niemals zuvor gab es – statistisch gesehen – in Deutschland so viele Millionäre wie im Dezember 1923. Auch die Integrationspolitik war vorbildlich. So wurde zum Beispiel im Januar 1933 ein Ausländer zum Kanzler ernannt.

Diese neue Regierung war sehr stark auf Rückbesinnung aus und orientierte sich an der Kultur der alten Germanen. Besonders der Führer dieser Bewegung war nicht nur ein Arier, sondern sogar ein Vegetarier. Allerdings hatte er, anders als es seine Berufsbezeichnung vermuten ließ, gar keinen Führerschein.

Zunächst beeindruckte diese neue Regierung durch gewagte Baumaßnahmen, etwa der Renovierung des Reichstags oder der Errichtung eines gewaltigen Straßennetzes in ganz Deutschland. Eine Maßnahme, die bis heute gerne mit dem Namen dieser Regierung in Verbindung gebracht wird. Der Reichsarchitekt plante bereits in den 30er Jahren, das Stadtbild von Berlin vollkommen zu verändern: die Stadt solle 1950 ein völlig anderes Bild bieten.

Er behielt übrigens recht. 1938 wurde nämlich beschlossen, dass von Berlin aus mal wieder die Welt erobert werden sollte. Aber es langte in diesem Jahr nur für Sudetendeutschland und Österreich. Erst 1939 konnte mit dem Vorhaben begonnen werden, und keine sechs Jahre später war das große Ziel erreicht: in Berlin gab es endlich wieder genau so viele intakte Wohnbauten wie zur Zeit der alten Germanen. In Deutschland lagen 1945 rund 400 Millionen Tonnen Schutt herum. Daher wurden nun Frauen zwischen 15 und 50 Jahren gezwungen, den ganzen Dreck wegzuschaffen, frei nach dem internationalen Motto „Männer machen Krieg, Frauen räumen hinterher auf". Wenn das nur einmal anders herum wäre: es gäbe nie wieder Krieg!

Anschließend wurde nicht nur Deutschland, sondern auch Berlin in zwei halbwegs übersichtliche Hälften geteilt. Beide standen fortan unter dem Schutz ihrer befreundeten Feinde. In West-Berlin wurde der internationale Kapitalismus eingeführt, und so hatte die Bevölkerung das Recht auf Freiheit und Arbeitslosigkeit. Das heißt, es ging allen Menschen ungleichmäßig gut. Im Ostteil der Stadt dagegen existierte der Sozialismus. Und zwar ganz real. Das heißt, alle mussten arbeiten. Verwehrt wurde ihnen dagegen das Recht auf Heroinkonsum und auf Zwangsprostitution. Und allen ging es gleich. Nämlich mäßig gut.

Kein Wunder also, dass die Ost-Berliner sich rasch benachteiligt fühlten. Am 17. Juni 1953 demonstrierten sie und forderten energisch, dass im Westteil wenigstens eine Straße nach diesem Tag benannt werden sollte. Obwohl ihnen der West-Berliner Senat bekanntlich sehr entgegen kam, verschärften sich im August 1961 dennoch die Konflikte. Und so wurde eine Mauer quer durch die Stadt gezogen, um die vielen West-Berliner an der Einreise in den Ostteil zu hindern.

Diese Baumaßnahme führte bei West- und Ost-Berlinern gleichermaßen zu einer geographischen Orientierungslosigkeit. Umkreisten die Ost-Berliner die isolierte Westinsel und schauten auf die Stadt, dann war es völlig egal, aus welcher Perspektive sie dies taten: immer sahen sie in den Westen. Und ähnlich erging es den West-Berlinern. Sie konnten sich drehen und wenden wie immer sie wollten: überall war Osten. Diese weltweit einzigartige Situation verstörte auch viele Besucher der Stadt. So forderte 1987 ein sichtlich verwirrter amerikanischer Präsident ausgerechnet seinen Kollegen in Moskau doch glatt auf, das hübsche Stadtelement zu beseitigen, wieder einmal ohne die Berliner vorher gefragt zu haben.

In Ost-Berlin, Leipzig und anderen Orten gingen die Menschen daher auf die Straßen, protestierten und stellten dabei überraschend fest: „Wir sind das Volk!" Schließlich hatten sie ja aus dem Westfernsehen gelernt, etwa aus den 68er Studentenunruhen, dass Demonstrationen zwar nichts bringen, aber immer irgendwie gut aussehen.

Der 7. Oktober 1989, der 40. Geburtstag der DDR, ging schließlich in die Musikgeschichte ein. Vor dem Palast der Republik sangen nämlich Tausende von Menschen zwar begeistert die „Internationale". Allerdings so falsch, dass die Volkspolizei den einen oder anderen Falschsänger verhaften und abführen mussten.

Viele drohten der Regierung nun ganz unverhohlen mit: „Wir bleiben hier!" Da die Benutzung der Straßen für diese Art von Demonstrationen nicht vorgesehen war, wurde im Spätherbst 1989 die Mauer vorsichtshalber abgebaut und erfolgreich verkauft. Und welch Überraschung: die Bevölkerung in Ost-Berlin ging nicht in den Westen, sondern blieb hier. So ist das eben: manche Dinge machen nur Spaß, wenn sie verboten sind.

Es folgte die allseits gewünschte Zwangsvereinigung und Berlin war nun nicht nur deutsche Hauptstadt, sondern endlich auch wieder so unübersichtlich groß wie vor dem Krieg. Und erneut konnten sich alle verirren. Auch politisch übrigens.

Es gibt allerdings noch eine andere Version, wie es damals zum Mauerfall gekommen sein soll, sie ist allerdings historisch nicht verbürgt. Danach hätten nicht etwa die Ostdeutschen durch ihre mutigen Proteste die Einheit erwirkt, sondern, viele hundert Kilometer entfernt, ganz allein, ein korpulenter Jurist aus dem pfälzischen Oggersheim. Als die Ostdeutschen nämlich ausriefen „Wir sind das Volk!", verkohlte er sie mit: „Ich auch!" Damit hat er den Machthabern in der DDR aber ordentlich eingeheizt. Deswegen nennt man ihn den Einheizkanzler. Aber wie gesagt, diese Version ist historisch nicht verbürgt.

Jedenfalls kam der Mauerfall ziemlich überraschend. Denn: niemand hatte die Absicht, eine Mauer zu vernichten. Außerdem musste nun der marode Osten saniert werden, und wer konnte das besser als der marode Westen? Ausgerechnet ein ehemaliger Berliner Bürgermeister und Träger des Friedensnobelpreises – übrigens einer, der ihn noch zu recht bekam – stellte eine höchst gewagte biologische Theorie auf, nämlich, dass nun endlich zusammen wächst, was zusammen gehört. Da aber waren sich die Berliner einig: nicht mit uns! Und so bewahrten sich beide Seiten eine gesunde Skepsis im Umgang miteinander.

Dabei haben die West-Berliner eine eher grobschlächtige und einfache Meinung über ihre östlichen Mitbewohner und meinen, sie seien arrogant und faul. Ost-Berliner denken da erheblich differenzierter und finden die West-Berliner eher faul und arrogant. Besucher der Stadt halten sich aus dieser Diskussion lieber heraus und finden, beide Seiten haben irgendwie recht.

P.S.: Tatsächlich ist Düsseldorf bereits im Jahre 1135 erwähnt worden. Ich hätte als Beispiel natürlich auch das schöne Nagold im Schwarzwald nehmen können, immerhin erstamals im Mai 786 erwähnt. Aber Nagold kennt ja leider niemand.

4. Quo vadis Berlin?

Wie alle Städte dieser Welt hat auch Berlin eine Zukunft. Ob sie gut oder schlecht sein wird, hängt glücklicherweise von der Bevölkerung ab. Leider aber auch von der Politik. Wir müssten also vermutlich mit dem Schlimmsten rechnen.

Folgt man den bislang beobachteten historisch erwachsenen Tendenzen, so sollte Berlin im Jahr 2250 seine Fläche vervielfacht haben und etliche 1000 km2 groß sein. Hübsche Städte wie Prenzlau und Cottbus werden längst eingemeindet sein, völlig ungefragt natürlich. Immerhin, eine 176 Kilometer lange U-Bahn-Linie würde diese beiden vornehmen Randbezirke miteinander verbinden.

Klassische Berlin-Bezirke dagegen, wie Weißensee, Wedding oder Kreuzberg, werden vermutlich eingezäunt sein und als Freiluft-Museen den staunenden Touristenscharen eindrucksvoll zeigen, unter welch absonderlichen Bedingungen manche Menschen zu leben in der Lage waren. Und zwar freiwillig.

Berlin wird als stets fortschrittliche Pionierstadt die allererste autofreie Zone der Welt sein. Das ist deshalb schade, weil es dann auch keine Tankstellen mehr gibt, an denen man sich Sonntagabend noch rasch ein Sechserpack Weizenbier kaufen kann. Der Grunewald dagegen wird als UNESCO-Weltnaturerbe noch viel berühmter sein als ohnehin schon. Das Füttern der zwölf verbliebenen Wildschweine ist dann strengstens erlaubt. Hier und da sind noch gutbewachte Reste der Mauer zu sehen, die seit dem Jahr 2134 für einige Jahrzehnte die Stadt dreiteilte.

Aber was wäre Berlin schließlich ohne die Berliner? Auch hier sollte die bisher beobachtete Entwicklung der Großstädter ebenso konsequent wie gnadenlos weitergehen. Werfen wir einen Blick auf Hassan, der heute irgendwo in Neukölln lebt und ein gutes Beispiel für gelungene Integration ist. Er ist mit einer Deutschen liiert, trinkt mit seinen Kumpels ab und an ein Bier und betrügt manchmal bei Fußball-Wetten. Also ganz wie ein richtiger Berliner.

Die multikulturelle Entwicklung wird auf diesem primitiven Stand aber nicht stehen bleiben. Die Berliner werden im Jahr 2250 mit den althergebrachten Klischees vielleicht nicht mehr viel gemeinsam haben.

Nehmen wir als Beispiel Olaf-Mehmed Schmidt-Papadopoulos. Er ist serbo-tunesischer Deutsch-Russe mit katholisch-ghanaischen Wurzeln. Übrigens, seine Frau ist Hannelore-Zlata Papadopoulos, die Regierende Bürgermeisterin von Berlin. Fachleute finden sie eher ungeeignet, gilt sie doch mit ihren 24 Jahren als viel zu alt für diese Aufgabe.

Beide sprechen immerhin sieben Sprachen. Und zwar sieben verschiedene. Wir sehen also: mit Berlin wird es bergauf gehen.

5. Der prominenteste Berliner

Wer ist wohl der prominenteste Berliner? Eine schwierige Frage, denn es gibt ja so viele davon. Und jeden Tag kommen neue hinzu. Würde man diese Frage auf der ganzen Welt stellen, wäre die Antwort vermutlich relativ eindeutig. Der prominenteste Berliner? Na klar: John F. Kennedy.

Also ich weiß nicht, ob Kennedy wirklich der prominenteste Berliner ist. Gut, er ist in jedem Fall der mit der kürzesten Einbürgerungsphase. Keine drei Stunden in der Stadt, und: schwupps! – schon war er ein Berliner. Behauptete er jedenfalls.

Die folgende Geschichte beweist nicht nur, dass ich schon als ganz kleines Kind über ungewöhnliche Kombinationsfähigkeiten verfügte, sondern dass ich John F. Kennedy noch persönlich gekannt habe. Als Kennedy am 26. Juni 1963 nach Berlin kam, wohnte ich bei meiner Großmutter und war ziemlich genau drei Jahre und neun Monate alt. Drei Jahre und neun Monate, oder, wie man in Berlin sagt: dreiviertel Vier.

An jenem geschichtsträchtigen Tag bekam meine Großmutter Besuch von einer Arbeitskollegin und hatte diesen Anlass genutzt, eine leckere Erdbeertorte zu backen. Zunächst aber wollten wir auf die Straße gehen, um John F. Kennedy zu begrüßen.

Ich gestehe, dass mich die Erdbeertorte in diesem Moment deutlich mehr interessierte als der amerikanische Präsident. Und warum nicht freimütig eingestehen, dass ich zu diesem Zeitpunkt dessen global-politische Bedeutung unter besonderer Berücksichtigung der Kubakrise nicht richtig einschätzen konnte? Wie auch immer, die Erdbeertorte blieb in der Küche und wir gingen runter auf die Scharnweberstraße und standen dort mit Tausenden von Schaulustigen und warteten.

Und warteten. Erst geduldig. Dann etwas ungeduldiger. Kennedy erschien nicht und so zog ich am Rockzipfel meiner Großmutter und sagte: „Oma, wenn der Kennedy nicht kommt, dann essen wir die Torte alleine!"

So geschah es. Offenbar war ich davon überzeugt, dass der amerikanische Präsident mit seinem gesamten Gefolge den ganzen weiten Weg überhaupt nur angetreten hatte, um bei meiner Großmutter eine Erdbeertorte zu essen. Dabei hätte mich bereits das riesige Empfangskomitee stutzig machen müssen. Die vielen Leute hätten doch niemals in die kleine Wohnung gepasst. Und es hätte auch gar nicht für alle gereicht. So begann meine wissenschaftliche Laufbahn mit einer Fehlinterpretation, die mich nachdenklich stimmte.

Ich frage mich allerdings bis heute, wie wohl die Weltgeschichte weitergegangen wäre, wenn Kennedy bei uns eine Erdbeertorte gegessen hätte, statt vor dem Rathaus Schöneberg seinen erfolgreich bestandenen Einbürgerungstest zu verkünden? Wie auch immer, John F. Kennedy fuhr dann doch noch an uns vorbei, neben ihm Willy Brandt und Konrad Adenauer, woran ich mich aber nur noch undeutlich erinnern kann. Immerhin habe ich Kennedy und seinen Mitfahrern sehr freundlich zu gewunken. Sie haben auch zurück gewunken, dabei aber merkwürdigerweise in eine ganz andere Richtung geschaut. Na ja, eben ganz typische Politiker.

Woran ich mich aber noch sehr genau erinnere, das war die beeindruckende Polizei-Eskorte, Polizisten auf ihren Motorrädern, gekleidet in strahlend weißen Uniformen und mit weißen Helmen. Diese Polizeistaffel nannte man damals übrigens die „Weißen Mäuse".

Komisch, dass in Berlin die Polizei immer mit Tiernamen in Verbindung gebracht wird.

P.S.: Was viele nicht wissen: John F. Kennedy war bereits 1939 in Berlin und wohnte damals im Hotel Adlon. Im Ostteil der Stadt! Wenn das Walter Ulbricht gewusst hätte. Übrigens, mein Kandidat für den Titel „Prominentester Berliner" ist selbstverständlich der Eisbär Knut. Der konnte – anders als Kennedy - nun wirklich von sich behaupten: „Ich bin ein Bär".

6. Berlin: Weltstadt mit Herz

Berlin bedeckt eine Fläche von ungefähr 890 km2, ist also genauso groß wie Bonn, Lübeck, Stuttgart und zweimal Wuppertal zusammen. Aber Vorsicht, in Berlin neigt man zur Angeberei. So entfallen auf die genannte Fläche immerhin rund 50 km2 lediglich auf Wasser, also Seen, Flüsse und Thermalbäder. Tatsächlich ist Berlin eine der wasserreichsten Städte in ganz Deutschland und wird darin vermutlich nur von Dresden übertroffen. Allerdings nur, wenn die Elbe Hochwasser führt.

Und dann, nicht zu vergessen: Berlin ist auch eine Stadt mit viel Wald. Rund 160 km2 sind in Berlin mit Bäumen vollgestellt. Schon der Grunewald bedeckt eine Fläche von etwa 30 km2, er allein ist also deutlich größer als etwa die gesamte Insel Hiddensee, nur mit erheblich weniger Einwohnern. Den Grunewald gab es schon vor vielen Jahrtausenden, er war damals allerdings noch viel größer und reichte bis nach Polen. Nur nach 1945 war der Grunewald kurzfristig fast verschwunden, weil in der Stadt der Holzbedarf viel größer war als das Angebot.

Aufgrund der dennoch beachtlichen Größe ist Berlin in zahlreiche Bezirke unterteilt, die alle ihren eigenen Charme aufweisen. Und doch, der aufmerksame Beobachter stellt rasch fest, dass es noch immer in der Stadt eine klare und deutliche Zweiteilung gibt. Beide Hälften stehen sich fast unversöhnlich gegenüber: Nord- und Südberlin.

Es hat sicher eine gewisse Bedeutung, dass die großen majestätischen Straßen in der Mitte Berlins alle eine Ost-West-Orientierung haben: Heerstraße, Kurfürstendamm, Kantstraße, Unter den Linden und Frankfurter Allee bilden eine unsichtbare Demarkationslinie, die man übrigens bis heute nur unter äußerster Lebensgefahr überqueren kann. Die Nordhälfte Berlins gilt dabei als eine interessante Mischung aus elitären und proletarischen Bezirken, bei der Südhälfte ist es dagegen genau anders herum.

Trotz dieser unüberwindlichen Gegensätze gibt es dennoch einen Faktor, der alle Bewohner dieser Stadt, egal ob Nord oder Süd, vereinigt. Es ist nicht etwa die Sprache, wie man zunächst annehmen möchte. Geschulte Sprachforscher erkennen sofort, ob jemand aus Marzahn oder aus Steglitz kommt, oder ob es sich lediglich um einen verirrten Touristen aus Belgien handelt. Die Berliner lieben Fremdsprachen. Schließlich sprechen sie ja selbst eine. Schon Mark Twain wusste zu berichten: „Ich glaube nicht, dass es irgendetwas auf der ganzen Welt gibt, was man in Berlin nicht lernen könnte - außer der deutschen Sprache." Gemeinsam ist allen Varianten des Berlinerischen nämlich eine gewisse subversive Unverständlichkeit. Gerade Zugereiste beklagen oft, dass sie jemanden etwas fragen, und dann gar nicht wissen, ob der Mann nur zu stark berlinert hat oder kroatisch sprach. Oder beides.

Man könnte auf die Idee kommen, die Vornamen vor allem der männlichen Bewohner hätten etwas Einigendes. Vor dem Zweiten Weltkrieg hatten sie nämlich alle typisch deutsche Vornamen und hießen entweder Hermann, Josef, Gustav oder Heinrich. Nach der Teilung blieb man im Westen bei deutschen Namen, wie Thomas, Stephan oder Thorsten. Im Osten experimentierte man gerne mit ausländischen Namen, etwa mit Roy, Kevin oder Wladimir.

Nach dem Mauerfall kam es wieder zu einer Vereinheitlichung der Namen und man reduzierte das Spektrum erheblich. Achten Sie mal darauf, es gibt heute nur noch zwei übliche Vornamen: Alter und Keule. Das können sich alle merken.

Nein, wirklich allen Berlinern zu eigen ist der sogenannte Berliner Humor. Zugereiste und Besucher bestreiten zwar seine Existenz. Aber das hängt vermutlich damit zusammen, dass dieser Humor nicht feinfühlig oder hintergründig ist, sondern – wenigstens auf den ersten Blick – eher derb und plump wirkt. Wollen die Berliner witzig wirken, können sie schon mal versehentlich etwas bösartig über jemanden herziehen, achten aber darauf, nie über die Gürtellinie zu zielen. Es ist vermutlich kein Zufall, dass die Uraufführung von Goethes „Götz von Berlichingen" – das Stück mit dem berühmten Zitat – ausgerechnet in Berlin stattfand.

Der Berliner Humor ist auch meistens nicht im klassischen Sinne witzig. Manchmal fehlt ihm eine gewisse Spontanität. Es sei denn, die Berliner lachen situationsbedingt, etwa aus Schadenfreude. Über nichts können sie sich mehr amüsieren, als jemanden zu sehen, der mit einem Eiscremebecher in der Hand auf einer Bananenschale ausrutscht oder mit dem Fahrrad zu schnell um die Ecke fährt und dabei mit einer Dänischen Dogge kollidiert. Über solche Situationen können sie sich ausschütten vor Lachen. Vorausgesetzt natürlich, diese unangenehmen Vorfälle passieren ihnen nicht selbst.

Gelegentlich gibt es in Berlin so etwas wie den einstudierten Humor. Nehmen wir zum Beispiel Wolfgang. Wenn wir ihn anrufen, meldet er sich nicht etwa mit „Hier ist Wolfgang!" oder gar einem scheuen „Hallo?", sondern mit „Hier ist das Institut für Rätselkunde" oder „Pferdefriedhof Wilmersdorf." Das ist lustig, auf Dauer aber auch ermüdend. Oder ein Schweißer bei der Arbeit – der wird sagen: „Ich schweiß was".

Gänzlich ungeplant ist dagegen in Berlin die intensive Nutzung des unfreiwilligen Humors. So sagte kürzlich eine Sekretärin gegenüber einer Kollegin, ihr Chef hätte ein offenes Ohr! Der arme Mann, da hat er nur ein Ohr, und das ist auch noch offen. Oder was ist von jener unfreiwillig komischen Mutter zu halten, die sich um ihren Sohn sorgt, weil der, so wörtlich, schon seit zwei Wochen vor dem Computer hängt?

Nein, typisch für den Humor in dieser Stadt ist das Erzählen von Witzen. Jeder Berliner hat ein reichhaltiges Repertoire von drei bis vier Witzen. Diese Tradition des gegenseitigen Witze-Erzählens ist schon Jahrhunderte alt. Leider gilt das auch für die Witze. Da kann es schon mal vorkommen, dass man Witze hört, über die bereits Karl der Große nicht mehr lachen konnte und die später im Jahr 955 bei der Schlacht auf dem Lechfeld nur erzählt wurden, um die gegnerischen Ungarn einzuschläfern. Mit Erfolg übrigens.

Aufgrund dieser Tradition also beginnt unser Berliner – etwa in einer Kneipe – beim Erzählen eines Witzes vorsichtshalber mit der höflichen Frage: „Kennste den schon?" Gut, das ist eine Frage, bei der man nicht so recht weiß, was man darauf antworten soll. Also versucht unser Berliner, seinen Witz zu erzählen, zunächst etwas schleppend, immer bemüht, nicht die Pointe zu verraten, gelegentlich abschweifend, weil er zwischendurch ein Bier bestellt, um dann mit der Frage fortzufahren: „Wo war ick steh'n jeblieben?" Schließlich findet der Witz sein wohlverdientes Ende und es folgt erfahrungsgemäß die abschließende, rein objektive Feststellung: „Der war jut, wa?"

An dieser Stelle empfiehlt es sich, so zu tun, als häte man die Pointe verstanden, etwas mitzulachen und dann voller Anerkennung festzustellen: „Den kannte ich schon!" Dem Berliner ist das freilich völlig egal, und alle haben was zu lachen. So ist das eben: Berlin ist eine Weltstadt mit Herz.

P.S.: Manche vergleichen den Berliner Humor mit diesem weltberühmten Kirchturm in Pisa: ist zwar eine runde Sache, aber trotzdem irgendwie schräg. Besonders schräg ist die vermeintliche Berliner Schlagfertigkeit. Aber die Berliner sind, was Humor angeht, nicht schlagfertig. Sie sind nur immer sehr gut vorbereitet. Stellt ein Tourist zum Beispiel die beliebte Frage „Wie komme ich denn am schnellsten in den Zoo?", dann antworten die Berliner bekanntlich mit: „Na kommt drauf an, als watt denn?" Diese beeindruckende Pointe wird stundenlang vor dem Spiegel einstudiert und geübt, und galt schon zwanzig Jahre nach der Gründung des Zoologischen Gartens als völlig veraltet.

7. Anmerkungen zum Berliner Humor

Da wir gerade beim Berliner Humor waren, sei hier noch auf eine ganz besondere humoristische Spezialität dieser Stadt hingewiesen, die Berlin zwar nicht für sich allein beanspruchen kann, die ich aber in dieser klaren Reinheit und unverfälschten Schönheit nirgend woanders studieren konnte als ausgerechnet in Berlin.

Die Rede ist von der „erfundenen, wahren Geschichte". Das klingt zunächst widersprüchlich, denn eine Geschichte ist entweder erfunden oder wahr. Aber in Berlin gibt es sie: die erfundene, wahre Geschichte.

Das Prinzip ist ziemlich einfach. Man nimmt sich eine Geschichte, die – vielleicht – irgendwann irgendjemandem mal irgendwo passiert ist, eine Geschichte, die eine gewisse komische Note hat. Dummerweise weiß niemand, wem die Geschichte passiert ist und wann. Und ob überhaupt. Man könnte sie also lediglich als albernen Witz erzählen. Aber wer will das schon?

Diese Geschichte wird nun dadurch wahr, indem sie einfach neu erfunden wird. Und zwar wird sie konkreten Personen und konkreten Zeitpunkten zugewiesen und wirkt dadurch glaubhaft, also wahr. Das heißt, man erfährt diese Geschichte niemals durch jemanden, der sie selbst erlebt hat, sondern immer nur aus mindestens zweiter Hand. Das wiederum bedeutet aber, dass es von einer bestimmten Geschichte mehrere Versionen geben kann.

Von meiner Lieblingsgeschichte aus der Rubrik „Erfunden, aber wahr" kenne ich mindestens vier Versionen, aus vier übrigens glaubhaften Quellen. Das heißt, dass die nun gleich zu erzählende Geschichte nicht nur vier verschiedenen Personen passiert ist, sondern auch zu vier verschiedenen Zeitpunkten. In diesem Fall im Sommer 1969, im Herbst 1977, im Sommer 1979 und zuletzt im Frühjahr 1983.

Der Ort ist allerdings jedesmal gleich: nämlich die Grenzkontrollstelle Dreilinden im damaligen West-Berlin, jenes bekannte Nadelöhr, durch das man mit dem Auto von Berlin über die

Transitstrecke – das Wort „Autobahn" wäre etwas übertrieben – durch die damalige DDR in die damalige Bundesrepublik fahren konnte. Genauer gesagt spielt die Geschichte natürlich auf der östlichen Seite der Grenze, in Drewitz. Als West-Berliner wurde man immer sehr genau kontrolliert. Und genau hier beginnt nun unsere erfundene, wahre Geschichte.

Ein Autofahrer aus dem Westteil Berlins – denken Sie sich jetzt irgendeinen beliebigen Namen und Zeitpunkt dazu – wird vom DDR-Grenzbeamten aufgefordert, doch einmal den Kofferraum zu öffnen. Das ginge nicht, antwortet der Autofahrer, dazu bräuchte er so etwas wie einen Hammer und einen Nagel. Der Grenzbeamte bringt ihm das gewünschte Werkzeug. Zur Verblüffung aller hämmert der Autofahrer mit einem Schlag den Nagel in einen Pfosten am Grenzkontrollhäuschen, hängt demonstrativ seine Jacke daran auf und öffnet nun ganz entspannt mit seinem Schlüssel den Kofferraum.

Zugegeben, die Geschichte hat unterschwellig etwas Amüsantes. Insbesondere, wenn man bedenkt, dass die Grenzorgane der DDR alles verstanden, nur keinen Spaß. Diese Szene mit dem Hammerschlag ist aber auch historisch bemerkenswert: ein kleiner Schlag für einen Menschen, einer großer Schlag für die Menschheit. Und schließlich ist diese Geschichte nicht nur amüsant und historisch bemerkenswert, sondern bei näherer Betrachtung auch relativ unwahrscheinlich. Unser Autofahrer hätte nämlich wenigstens drei Straftaten begangen, im wahrsten Sinne des Wortes mit einem einzigen Schlag: mutwillige Zerstörung sozialistischen Volkseigentums, Verhöhnung der DDR-Grenzorgane in ihrem Kampf gegen den Klassenfeind und Beleidigung der Deutschen Demokratischen Republik samt Staatsratsvorsitzenden.

Wenn ich mich recht erinnere, musste man in der DDR schon bei weitaus geringeren Anlässen mit unliebsamen Konsequenzen rechnen, etwa mit Besichtigungen von Haftanstalten oder einem netten Abend mit Magdalena, wie – nach der Magdalenenstraße –

das Ministerium für Staatssicherheit ungewöhnlich liebevoll genannt wurde. Die erfundene, wahre Geschichte scheint also eher erfunden als wahr zu sein. Noch unwahrscheinlicher ist, dass sie sich ja nicht nur einmal, sondern sogar viermal ereignet haben soll. Und das allermerkwürdigste ist, dass ich allein bereits diese vier Versionen kenne, wie viele mögen also noch im Umlauf sein? 1989 lebten in West-Berlin ungefähr 2 Millionen Einwohner, und nach meinen – zugegebenermaßen – eher groben Schätzungen kamen etwas mehr als zehn Prozent diese Geschichte „irgendwie bekannt" vor. Immerhin, das wären dann rund 250000 Personen und damit Versionen dieser erfundenen, wahren Geschichte.

Andererseits: den West-Berlinern war ja damals nun eigentlich alles zuzutrauen, Was, wenn die Geschichte doch wahr ist? Aber warum sollten dann nur die mir bekannten Versionen wahr sein, die anderen 250000 aber nicht? Was, wenn alle Überlieferungen stimmten? Dann hätte sich diese erfundene, wahre Geschichte zwischen August 1961 und November 1989 also 250000-mal ereignet, das heißt: jeden Tag einmal.

Immerhin eine interessante Erklärung für den Untergang der DDR. Demnach hätten West-Berliner Autofahrer der DDR einfach jeden Tag große Teile der Produktionsmittel völlig sinnlos in die Pfosten der Grenzhäuschen gehämmert.

Aber ich befürchte, das ist auch nur eine erfundene, wahre Geschichte.

8. Schwoches geh`n mal auswärts essen

Wenn ein Gedicht eine Geschichte erzählen, eine Situation schildern soll, dann kann es vorkommen, dass man das Gefühl hat, die Szenerie hier und da bildlich vor sich zu sehen. Doch fast unmöglich ist es, die Situation derart plastisch zu schildern, dass man das unmittelbare Gefühl hat, regelrecht dabei zu sein.

Aber es gibt ihn, den einen großen deutschen Dichter, dem dieses bemerkenswerte Kunststück geglückt ist. Sie haben es sich bestimmt schon gedacht: Johann Wolfgang von Goethe ist es nicht. Vielmehr geht es um den Berliner Liedermacher Ulrich Roski und sein Gedicht „Schwoches geh`n mal auswärts essen".

Die Schwoches sind eine imaginäre Familie aus West-Berlin von 1970, die genau das tat, was auch reale Familien in West-Berlin von 1970 getan haben: den Sonntagnachmittag an der Havel verbringen und mit einer Mischung aus fataler Neugier und gesunder Skepsis ausländische Restaurants aufzusuchen. Damals gab es überwiegend deutsche Gaststätten mit so irreführenden Namen wie „Der goldene Löwe" oder „Zur dummen Gans". Das Fremdländischste in Berlins Gastronomie-Szene war damals – na, sagen wir mal: „Wienerwald".

Und dann eröffneten plötzlich italienische, griechische und chinesische Restaurants in der Stadt. Lassen Sie uns nun – wie in einer Zeitreise – eintauchen in diese ferne Vergangenheit. Dass der hier dokumentierte Restaurantbesuch mit den Schwoches in Berlin spielt, wird schon aus den ersten beiden Zeilen deutlich:

Schwoche sprach zu seiner Schwochen:

„Musst Du denn ewig Gulasch kochen?"

Die Maskulinisierung des Nachnamens der Gattin ist ebenso eine typische Berliner Eigenart wie die maßlose Übertreibung des „ewig Gulasch kochen". Merke: wenn der Berliner „ewig" sagt, meint er: zweimal im Jahr. Doch statt dem verwöhnten Gatten nun eine andere warme Mahlzeit anzubieten, reagiert sie überraschend souverän, denn:

Frau Schwoche sagt: „Na bitte, bitte,

isste halt 'ne Plockwurstschnitte."
Aber es kommt noch besser:
Sie sieht verschmitzt die Stulle an,
dann ruft sie unversehens „Mann,
schon lange hab' genug vom Brot ich,
ach, essen wir doch mal 'exotich'."
Es ist also Frau Schwoche, die den nörgelnden Gatten zu einem
Restaurantbesuch auffordert. Soviel Frauenpower in der prä-
feministischen Ära ist dem Dichter denn doch zu viel und so
heißt es nun folgerichtig:
Drauf geht er (!) mit seiner Frau
essen bei Herrn Sing-Man-Tau.
„Sing-Man-Tau" – das klingt verdächtig Chinesisch. Und tatsächlich, obwohl der Name einem norddeutschen Volkslied
entnommen ist, sprechen charakteristische Gerichte wie die
Suppe mit Wan-Tan und Bambussprossen sowie Chop-Suey und
Mangofrucht für das Reich der Mitte. Seltsam allerdings, dass
hier eine Kellnerin aus Nagasaki arbeitet, immerhin die neun-
zehntgrößte Stadt Japans, wie Sie sicher wissen.
Das klingt alles recht verwirrend. Überhaupt wird nunmehr
deutlich, mit welch fataler Unsicherheit und wie unprofessionell
der Herr Schwoche die ostasiatische Nahrung zu sich zu nehmen
versucht, denn:
Schwoche, wie ein Schäferhund,
setzt die Schüssel an den Mund,
fängt behaglich an zu schlürfen,
als es schrillt: „Sie das nicht dülfen!"
Und ein Kellner voller Stolz
bringt ihm ein Besteck aus Holz.
„Na damit", hört man Schwoche grummeln
„kann ick ja bis Ostern fummeln!"
„Bis Ostern fummeln" ist eine beliebte Berliner Redewendung,
die sowohl vor als auch nach dem Osterfest sehr gerne benutzt
wird. Nach dem Osterfest klingt sie natürlich lustiger.

Nun folgt der Höhepunkt des szenischen Geschehens, bei dem sich das Gefühl einstellt, selbst mit am Tisch zu sitzen. Ausgangspunkt ist die überflüssige Frage der japanischen Kellnerin, ob es Herrn Schwoche denn auch schmecke. Der betörende Blick der asiatischen Schönheit – wir stellen übrigens fest, dass Frau Schwoche in der Geschichte gar keine Rolle mehr spielt – hat verheerende Folgen, denn:

Davon mächtig aufgeputscht,
ist Schwoche plötzlich abgerutscht.
Hei, wie jetzt die Soße fließt
und sich auf die Hose gießt.

Hierbei kann es sich eindeutig nicht um die beliebte Süß-Sauer-Soße handeln, deren Viskosität auch im erwärmten Zustand eine derartige Fließgeschwindigkeit gar nicht zulässt, sondern eher um die dunkle Sojasoße, die ohnehin auf einer hellen Hose ein viel schöneres und dauerhaftes Muster hinterlässt.

Der Berliner neigt dazu, nicht unangenehm aufzufallen. Das führt dazu, dass:

Schwoche tut, als säh' er's nicht,
aber ach, das Essholz bricht
(man meint fast, das Geräusch des zerberstenden Biobestecks zu hören)
und das ganze Pilzgericht
schnellt ihm förmlich ins Gesicht.

Niemals zuvor ist die ballistische Flugbahn eines chinesischen Pilzgerichts in ein menschliches Antlitz derart eindrucksvoll beschrieben worden. So, dass man fast zusammenzuckt, um nicht einiger herumfliegender Bambussprossen teilhaftig zu werden – eine Flugbahn, die heutzutage in Berliner China-Restaurants leider nur noch sehr selten beobachtet werden kann.

Die zitternde Erregung von Herrn Schwoche über diesen so unerwarteten physikalischen Vorgang drückt sich in den folgenden Zeilen aus:

Aus der Nase wie ein Schnorchel
baumelt schon die China-Morchel.

Immerhin, sie hängt nicht, sie baumelt. Derartige Unsicherheiten im Umgang mit exotischen Pilzgerichten sind längst Vergangenheit. Heute gibt es ja fast nur noch ausländische Restaurants. Das Deutscheste heutzutage in Berlins Gastronomie-Szene ist – na, sagen wir mal: „Wienerwald". So ändern sich die Zeiten.

9. Eins und eins macht zwei

Wissen Sie, welcher Ort in Berlin für einen Naturwissenschaftler der schönste und interessanteste ist, wo man ihn kaum wegzerren kann? Natürlich, es ist die Party am Samstagabend, denn Berlin ist die Stadt der großen Parties. Das ist für mich als Naturwissenschaftler immer eine große Herausforderung. Denn jede Woche hat sich irgendwo auf der Welt eine große Naturkatastrophe ereignet, ein Erdbeben, ein Vulkanausbruch oder ein CSU-Parteitag.

Das sind dann stets Themen, über die Leute auf so einer Party reden. Und dann gibt es immer wieder folgende Situation zu beobachten: irgendein Angeber stellt sich in den Mittelpunkt, eine kleine gaffende Menschenmenge um ihn herum lauscht bewundernd seinen Worten, mit denen er dann eindrucksvoll erklärt, was er in den Nachrichten selbst alles gar nicht verstanden hat.

Wenn ich mich dazu stelle und heimlich mithöre, dann denke ich immer, nein, wie peinlich, von nichts eine Ahnung, aber so eine große Klappe. Fast wie ein Politiker. Mit denen wird es auch immer schlimmer. Früher waren Politiker noch irgendwie kompetent. Man hatte doch stets den Eindruck, die wussten immer ganz genau, worüber sie gerade lügen. Wenn uns ein hochrangiger deutscher Politiker heute versichern würde, er habe nicht die Absicht, eine Mauer zu errichten, und er uns dann noch sein Ehrenwort gibt, dann wissen aber alle, was die Stunde geschlagen hat.

Manchmal verplappere ich mich auf solchen Parties und die Gäste wissen dann, was ich so mache und stellen mir allerlei Fragen. Zum Beispiel, wie Naturwissenschaft funktioniert. Erst neulich ist mir das auf einer Party passiert. Ich weiß gar nicht mehr, wie es dazu kam. Hatte ich ein Fremdwort richtig ausgesprochen? Ach nein, an der Salattheke, genau, da hatte ich jemandem, den ich übrigens gar nicht kannte, versehentlich den

Zweiten Thermodynamischen Hauptsatz erklärt. Na, das kann ja mal vorkommen.

Wie Naturwissenschaft praktisch funktioniert, dieses eins und eins zusammenzuzählen, kann man in einem Partygespräch gut erläutern, wenn man etwa nach dem Klimawandel befragt wird. Bekanntlich hängen Energieverbrauch und Erderwärmung irgendwie zusammen. Das weiß heute jedes Kind. Um nun das Folgende zu verstehen, wäre es gut, wenn Sie etwas Ahnung von Fußball hätten. Oder besser noch: von Philosophie. Obwohl, das ist ja heute fast das Gleiche. Ist es nicht faszinierend, wenn Fußballtrainer vor einem wichtigen Spiel ihre Philosophie erklären? Und die Spieler müssen diese Philosophie dann umsetzen. Manche verstehen die Philosophie gar nicht. Es ist schon interessant, auf welch hohem Niveau heute Fußball gespielt wird.

Das ist mir übrigens auch kürzlich auf einer Party passiert. Ich fragte jemanden mit einem sehr intellektuellen Gesichtsausdruck, was er denn so beruflich macht und er meinte, er sei Philosoph. Ach, fragte ich, Universität Leipzig? Nein, 1. FC Köln, war die überraschende Antwort. Allerdings nicht in der Bundesliga. Er war im Jugendbereich tätig. Also mehr ein Jugendphilosoph.

Nein, die Erwähnung von Philosophie bezog sich auf den dialektischen Materialismus: Phänomene sind eben nicht isoliert zu betrachten, sondern in einen relevanten Zusammenhang zu bringen. Die Kunst in den Naturwissenschaften besteht nämlich nicht darin, zu wissen wie man eins und eins zusammenzählt – das können alle –, sondern was man zusammenzählen kann, um so zu einer neuen Erkenntnis zu gelangen. Anders gesagt: um neue Antworten zu bekommen, müssen wir neue Fragen stellen.

Wenn Energieverbrauch letztlich zur Erderwärmung beiträgt, dann kombinieren Sie diese Erkenntnis doch einmal mit der Überlegung, dass ein Telefonat auch Energie verbraucht. Die Konsequenz ist erschreckend: telefonieren ist schlecht für das Klima.

An dieser Stelle gibt es übrigens auf jeder Party einen sehr interessanten psychologischen Effekt. Männer können sich meistens ein verlegendes, schuldbewusstes Grinsen nicht verkneifen, bei Frauen dagegen: lähmendes Entsetzen. Aber es stimmt. Telefonieren ist schlecht für das Klima. Vermutlich stand deshalb früher an den Telefonzellen immer „Fasse Dich kurz!" Das war noch gelebter Klimaschutz!

Aber dass Kommunikation schlecht für das Klima ist, das war schon immer so. Denken Sie mal nur an die nordamerikanischen Indianer. Wenn die über große Entfernungen mit Rauchzeichen kommuniziert haben – das konnte doch nicht gut für das Klima sein. Allerdings muss man das etwas relativieren. Die Indianer haben ja nur in wichtigen Situationen auf diese Weise telefoniert. Unvorstellbar, dass ein Indianer erst mühsam ein Feuer entzündet hätte, nur um mit seinen Rauchzeichen zu fragen: „Ey Keule, wo bisten gerade?" Und drüben vom anderen Berg wäre die Antwort gekommen: „Ach, ich häng hier so rum!"

Nein, so war das nicht. Man muss solche Werte natürlich umrechnen und bilanzieren. Dass, was die nordamerikanischen Indianer in ihrer langen Geschichte mit ihren Rauchzeichen an Energie verbraucht haben, das schaffen die Berliner heute in der U-Bahn locker an einem Tag. Ein Jurist erklärte mir, dass Kommunikation mit Rauchzeichen heute in der Bundesrepublik Deutschland gesetzlich verboten wäre. Allerdings nicht wegen der Erderwärmung, sondern: Datenschutz! Da konnte ja schließlich jeder mitlesen. Und das will ja eigentlich niemand. Schon gar nicht in Berlin.

10. Der ganze Stolz der Hauptstadt

Die Evolution hat in Jahrmillionen nicht nur viele Pflanzen- und Tierarten hervorgebracht, sondern auch den Menschen. Sich diesen als einzelnes Wesen zu betrachten, ist biologisch nicht ganz richtig, denn, wie es die Volksweisheit so treffend formuliert: der Mensch lebt nicht gern allein. Gerade in Berlin kann man sie gut beobachten, diese kleinste natürliche Einheit des menschlichen Zusammenlebens: die Fußballmannschaft.

Über 100 Vereine frönen in Berlin diesem Sport – zu viele, wie manche meinen. Allen gemeinsam ist eine bemerkenswerte Erfolglosigkeit auf nationaler und erst recht auf internationaler Ebene. Da man in Berlin zu übertriebener Höflichkeit neigt, werden Erfolge nämlich gerne den anderen Fußball-Vereinen überlassen.

Das größte Vorbild in Berlin ist daher der „SC Tasmania 1900 Berlin", hält dieser Verein doch seit 1966 so gut wie sämtliche Rekorde vollkommener Erfolglosigkeit: Tasmania weist zum Beispiel die schlechteste Saisonbilanz aller Zeiten auf, ist der einzige Bundesligaverein ohne Auswärtssieg, dafür der mit der höchsten Heimniederlage der Bundesligageschichte (ein souveränes 0:9 gegen den berühmten Meidericher SV).

Vor allem aber sind die Tasmanen berühmt geworden durch das Bundesliga-Heimspiel mit den wenigsten Zuschauern. Genau 827 Personen waren damals anwesend. Wohlgemerkt: im Berliner Olympiastadion! Obwohl viele Berliner Fußballvereine hart daran gearbeitet haben, diese Rekorde einzustellen, gelten sie bis heute

Etwa seit 1960 ist das Berliner Olympiastadion die Heimstätte eines der beliebtesten Sportvereine der Stadt: Hertha BSC, genauer gesagt, dessen Herren-Fußballmannschaft. Hertha BSC ist das Aushängeschild von Berlin, eben der ganze Stolz der Hauptstadt. Alle vierzehn Tage ist im Olympiastadion das immer gleiche Ritual zu verfolgen: 22 junge Herren rennen, mit seltsam bunten Hemdchen bekleidet, einem Ball hinterher und befördern ihn bisweilen in die eigens dafür aufgestellten Netze. Und das alles nur zu einem einzigen guten Zweck: um Millionär zu werden. Da schauen die Berliner gerne zu.

Die Fans von Hertha BSC gelten als intellektuell anspruchsvoll. Schon ihr bekannter Schlachtruf „Ha Ho He, Hertha BSC" dokumentiert lyrischen Einfallsreichtum und Sinn für subtile Poesie. Gegnerische Mannschaften sind da meist völlig überfordert und haben dem rein gar nichts entgegenzusetzen. Na gut, dafür können die anderen Mannschaften halt besser Fußball spielen. Hertha BSC ist aber nicht nur in Berlin außerordentlich beliebt. Nein, überall lieben die begeisterten Fußballfreunde diesen Verein. Und überall zittern sie mit ihm, wenn eine Krise oder gar der Abstieg in die zweite Bundesliga droht. Dann lauschen die Berliner gerne den solidarisierenden Bekenntnissen, wonach Hertha BSC unbedingt in die Bundesliga gehört. Und das hat nichts mit Hauptstadtnimbus zu tun. Es hat genau genommen überhaupt nichts mit dem Verein zu tun. Es ist eben einfach so: wenn Hertha BSC in der Bundesliga spielt, dann wissen die anderen Mannschaften doch schon mal, dass ein Kandidat für den Gewinn der Meisterschaft von vornherein entfällt.

Sollte Hertha mal um die Meisterschaft spielen, erinnert sie sich dann doch noch um ihre eigentliche Aufgabe und versucht, wenigstens die letzten Spiele der Saison möglichst erfolgreich zu verlieren.

Einen Hauptstadtnimbus genießt der Verein bestenfalls in der Provinz, denn wenn die Hertha zum Beispiel im DFB-Pokal gegen eine fünftklassige Mannschaft antreten muss, ist man dort sehr stolz auf den prominenten Besuch aus der Hauptstadt, garantiert er dem Dorfverein doch ein volles Stadion. Und das sichere Erreichen der nächsten Runde.

In Berlin wird der Verein gern liebevoll die „alte Dame" genannt. Wahrscheinlich wegen der besonderen Spielweise. Kneipenwirte können sich dabei voll und ganz auf Hertha BSC verlassen und werben damit, wenn in ihrem Lokal ein Spiel im Fernsehen übertragen wird, für jedes Tor von Hertha eine Runde

Schnaps auszugeben. Sie wissen genau, dass sie dabei kein großes Risiko eingehen. Man sollte dem Verein dankbar sein für diesen Kampf gegen Alkoholmissbrauch.

Natürlich kann es gelegentlich vorkommen, dass Hertha BSC aufgrund von Fehlentscheidungen der Schiedsrichter mal in die 2. Liga absteigen muss. Ein ganzes Jahr lang spielt der Verein dann sowohl in Stadien unbekannter deutscher Kleinstädte als auch stets unter seiner Würde. Doch nach einem Jahr ist es geschafft, und die Fans brüllen laut: „Nie mehr, zweite Liga, nie mehr, nie mehr!"

Dann ist es endlich Gewissheit geworden: Hertha BSC ist in die dritte Liga abgestiegen.

P.S.: Zwischen 1969 und 1987 war ich vielleicht zehnmal im Olympiastadion, um Hertha BSC anzufeuern. Leider verlor Hertha jedesmal. Offenbar war meine Anwesenheit für die von mir favorisierte Mannschaft stets von Nachteil.

Nur bei meinem letzten Besuch im Olympiastadion im Sommer 1987 verlor Hertha nicht. Das lag allerdings daran, dass der Verein gar nicht mitspielte. Es war das Finale um den DFB-Pokal. Es spielten die Stuttgarter Kickers gegen den Hamburger Sportverein. Als geborener Stuttgarter war ich natürlich für die Kickers. Und so gewann der HSV.

11. Frauen im Landwehrkanal

Um das Transportwesen auf dem Festland zu entlasten, führen schon seit langer Zeit zahlreiche Kanäle kreuz und quer durch Berlin. Manche Kanäle sind nur im Fernsehen zu sehen. Einer davon ist sogar offen. Hier treibt die „Agentur der Nichtarbeit" ihr Wesen, wenn auch leider immer viel zu spät. Ein anderer Kanal war so schwarz, der musste im Herbst 1989 endgültig trockengelegt werden.

Die bekannteste künstliche Wasserstraße in Berlin ist sicher der Landwehrkanal. Trotz längerer Vorgeschichte fand die offizielle Einweihung des Landwehrkanals erst im September 1850 statt, und zwar – wie bei solchen Großereignissen allgemein üblich – unter Ausschluss der Berliner Öffentlichkeit. Kein Wunder, lag der Kanal damals doch noch weit außerhalb der Stadttore. Und was außerhalb der Stadttore liegt, das interessierte die Berliner auch damals schon grundsätzlich nicht.

Dabei könnte die gesamte Planung des Landwehrkanals geradezu als Meisterleistung typisch Berliner Baukunst gelten. Erst erschien der Kanal mit einer Strecke von über 10 Kilometern viel zu lang, aber mit einer Tiefe von nur 1 Meter 57 ohnehin zu flach. Er war für den Schiffsverkehr daher rasch unbrauchbar geworden. Die Berliner dokumentierten mit ihrem derben Humor, was sie vom Landwehrkanal hielten und leiteten fortan ihre Abwässer und Fäkalien hinein. Blöd allerdings für die, die das nicht wussten, und nach wie vor ihren täglichen Abwasch darin erledigten.

Nun könnte man von vielen verschiedenen Aspekten des Landwehrkanals erzählen. Ein sehr interessantes Kapitel wäre zum Beispiel „Frauen im Landwehrkanal". So wurde im Dezember 1977 die Kabarettistin Ursula Herwig, immerhin Mitglied der „Stachelschweine", nahe der Tiergartenschleuse im eiskalten Wasser des Landwehrkanals tot aufgefunden, obwohl es dort sogar nur 50 cm tief war.

Bereits im Februar 1920 wurde die russische Zarentochter Anastasia aus dem Landwehrkanal gerettet. Es stellte sich zwar später heraus, dass es sich in Wirklichkeit nur um das Bauernmädchen Anna Anderson handelte. Aber eine Zarentochter im Landwehrkanal klingt natürlich viel spektakulärer als ein Bauernmädchen im Landwehrkanal.

Die berühmteste Frau im Landwehrkanal ist ganz sicherlich Rosa Luxemburg. Sie wurde am 15. Januar 1919 auf grausame Weise hingerichtet und anschließend in den Kanal geworfen. Eine Konsequenz der politischen Diskussion, die heute in Deutschland glücklicherweise völlig aus der Mode gekommen ist. Wie auch immer, seit damals treffen sich jedes Jahr im Januar politische Aktivisten und erinnern an dieses Ereignis. Wenn ich gefragt werde, ob ich nicht mal mitkommen möchte, sage ich immer: „Auf gar keinen Fall!"

Erstens ist es im Januar viel zu kalt und zweitens sind mir auch zu viele Leute dabei. Schließlich wollen die politischen Aktivisten bei dieser Demonstration sehen und gesehen werden. Und dann die vielen Parolen, wer will denn das hören? Außerdem tun mir die vielen Rosen und Nelken leid, die extra deswegen völlig sinnlos aus dem warmen Erdboden eines Gewächshauses gerissen und dann bei -14 Grad Celsius in großer Anteilnahme zu Boden geworfen werden. Für mich als Naturwissenschaftler ist das nun wirklich keine artgerechte Haltung! Das hätte Rosa bestimmt nicht gefallen. Und schließlich ist es doch wohl eine ziemlich makabere Art von gewöhnungsbedürftigem Humor, ausgerechnet an einen Tag zu erinnern, an dem jemand auf so furchtbare Weise umgebracht wurde.

Nein, ich bevorzuge stattdessen den 5. März. Das war Rosa Luxemburgs Geburtstag, ein viel hübscherer Anlass, sich an jemanden wie sie zu erinnern. Im März ist auch das Wetter meist viel schöner. Da könnte man zum Beispiel im Botanischen Garten in ein Gewächshaus gehen, – Rosa liebte ja Blumen – sich irgendwo hinsetzen und zwischen duftenden Orchideen in einem ihrer Bücher herumstöbern.

Und genießen. Entweder das Buch. Oder die vielen Blumen. Oder eine Flasche Wein, die man zufällig mitgenommen hat.

Rotwein natürlich. Und dann liest man ihre letzten Worte, nicht über sich selbst, sondern über die Revolution: „Ich war, ich bin, ich werde sein." Wenn man bedenkt, was von ihren politischen Vorstellungen bereits umgesetzt wurde (noch 1912 forderte sie zum Beispiel recht erfrischend: „Her mit dem Frauenwahlrecht!"), könnte man sich die Frage stellen: war die Revolution längst da und niemand hat es bemerkt?

Sehr interessante Gedanken, die man sich da so machen kann. Auch auf die Gefahr hin, dabei nicht von politischen Aktivisten gesehen zu werden.

P.S.: Falls Ihnen der Name Ursula Herwig überraschenderweise nichts sagt – Sie kennen sie vermutlich trotzdem. Im Zeichentrickfilm „Asterix und Kleopatra" war Ursula Herwig nämlich die deutsche Synchronstimme von Kleopatra. Das war die mit der Nase.

12. Die prominenteste Berlinerin

Würde man in Berlin eine Umfrage machen, wer denn wohl die prominenteste Berlinerin sei – was käme dabei wohl heraus? Zunächst liefe man natürlich Gefahr, Frauen von heute genannt zu bekommen, deren Namen in hundert Jahren jedoch kein Mensch mehr kennt, also Fußballerinnen, Schlagersängerinnen oder irgendwelche Nachrichtensprecherinnen. Nein, um das richtig zu beurteilen, müsste man sich wohl in der Vergangenheit umschauen.

Marlene Dietrich wäre sicher eine sehr gute Kandidatin. Sie wurde immerhin in Berlin geboren und ist dort beerdigt. Mehr aber leider auch nicht, denn die meiste Zeit ihres Lebens hat sie in Hollywood und Paris verbracht. Und als sie erstmals nach dem Zweiten Weltkrieg wieder nach Berlin kam, war der Empfang eher unerfreulich. Jedenfalls für sie.

Vielleicht würde man bei einer solchen Umfrage Namen hören, die den Berlinern lediglich durch einige U-Bahnhöfe bekannt sind, also Kaiserin Augusta oder Victoria Luise. Aber irgendwie sind das keine richtigen Berühmtheiten. Und es steht sogar zu befürchten, dass die Berliner Bevölkerung heute gar nicht mehr weiß, wer diese Frauen waren.

Würden wir auch diese Umfrage weltweit durchführen, dann käme vermutlich heraus, dass die prominenteste Berlinerin vor etwa 3500 Jahren im alten Ägypten geboren wurde und erst 1913 in Gestalt einer Büste aus Kalk und Gips nach Berlin auswanderte: Nofretete.

Die Berliner haben freilich ein etwas ambivalentes Verhältnis zu ihr, denn sie ist zwar sehr schön, aber nur 47 cm hoch und auf dem linken Auge blind. Von ihrer Schönheit überwältigt, wurde in Berlin sofort ein Duplikat hergestellt. Natürlich konnte man Nofretete schon bald im Museum bewundern. Oder vielleicht auch nur das Duplikat. Mit deutscher Gründlichkeit wurde die Kopie nämlich derart echt nachempfunden, dass man sie heute kaum noch vom Original unterscheiden kann.

Erst als die Migrantin weltberühmt geworden war, verlangten die Ägypter ihre Auslieferung, aber das scheiterte natürlich an den viel zu komplizierten Asylgesetzen.

P.S.: Übrigens wurde Marlene Dietrich keineswegs in Berlin geboren, sondern in Schöneberg, das war damals noch ein Vorort von Berlin. Aber danach fragt ja heute niemand mehr.

13. Berlin, eine blühende Oase der Kultur

Obwohl die Tourismusbranche gerne und oft betont, das kulturelle Leben der Stadt sei übergroß und einzigartig, stimmt diese Behauptung.

Tatsächlich ist die Stadt geradezu überschwemmt mit Einrichtungen, in denen so etwas wie Kultur im weitesten Sinne angeboten wird. Das lässt den Besucher erstaunen. Wenn er sich etwa zwei Wochen in Berlin aufhält, so müsste er jeden Tag in sieben verschiedene Kinos gehen, um alle gesehen zu haben. In Berlin hat man tatsächlich den Vorteil, auf diese Weise ständig aktuelle und packende Spielfilme zu sehen, die erst im nächsten Jahr im Fernsehen gesendet werden. Natürlich behaupten überzeugte Kinogänger, dass man das überhaupt nicht miteinander vergleichen kann, allein schon wegen der Atmosphäre.

Und da muss man ihnen einfach mal Recht geben. Es ist völlig unvorstellbar, dass man sich im eigenen Wohnzimmer gerade einen spannenden Abenteuerfilm ansieht, und dann nimmt plötzlich vor einem ein hochgewachsener Mann Platz, um den Bildschirm zu verdecken. Außerdem bekommt man in den eigenen vier Wänden nicht unerwartet eine Limonade, etwas Eis oder Schokolade zum Verkauf angeboten. Auch die typischen Hintergrundgeräusche wie das Zerbeißen von knackigem Popcorn, das Schlürfen alkoholischer Getränke oder das knisternde Auspacken von Sahne-Bonbons gibt es nicht. Selbst die herzhaften Hustenanfälle fehlen, die doch jeden Kinobesuch so unvergesslich machen.

Das gilt auch für den Besuch in einem der über fünfzig Theater, die es in Berlin gibt. Die Besucher können sich dabei allerdings relativ sicher sein, dass die Aufführung niemals im Fernsehen ausgestrahlt werden wird. Der Anspruch der Intendanten und Regisseure, wie dem Publikum alte und neue Stücke vermittelt werden soll, lässt sich auf einen einfachen Nenner bringen, nämlich: die Werke so zu inszenieren, dass sie selbst der Dichter, der sie geschrieben hat, nicht mehr wiedererkennen würde.

Das denkbar einfachste Mittel besteht darin, den Inhalt in eine andere Zeit zu übertragen. Spielt ein Stück etwa um 1812 in einem englischen Königspalast, so wird die Handlung eben in eine Konditorei in Dresden im Herbst 1989 verlegt. So kann das Publikum viel mehr den tieferen Sinn der Werke verstehen und nachvollziehen.

Da der Text meistens unangetastet bleiben muss, toben sich bei den Aufführungen zu diesem Zweck vor allem die Bühnenbildner aus, etwa durch bewusst einfache Dekorationen. Hier und da ein paar einsame Farbeimer, ein paar umgekippte Blumentöpfe und an der Wand ein Bild von Andy Warhol – da wird Goethes „Faust" zum Erlebnis. Das Publikum fragt sich natürlich, welcher Zusammenhang bestehen soll zwischen dem Stück und der Kulisse. Oder ist diese noch von der vorigen Aufführung übriggeblieben und einfach nur vergessen worden? Oder streiken die Bühnenarbeiter? An den Texten wird meistens wenig verändert, gelegentlich ein paar Aktualisierungen, um sie dem modernen Geschmack anzupassen. Romeo und Julia heißen dann eben Ronny und Jenny.

Leider haben Theaterregisseure noch immer nicht das ganze Potential erkannt, welches in diesem Vorgehen steckt. Wie leicht könnte man so den bislang am Theatergeschehen eher weniger Interessierten dazu bewegen, einer Aufführung beizuwohnen. Auch ohne den Text zu verändern, wären die Berliner sicher ziemlich neugierig, würde etwa Shakespeares bekanntes Drama „Ein Kaufmann in Venedig" plötzlich angeboten als „Ein Gemüsehändler im Wedding". Und Heerscharen bisheriger Theaterverweigerer würden die Gebäude nur so stürmen, wenn das bekannte Stück von Friedrich Schiller nicht mehr „Die Räuber" heißen würde, sondern dank aktueller Bezüge schlicht „Die Bundesregierung".

Für viele Schauspieler ist es zunächst etwas gewöhnungsbedürftig, wenn sie vom Regisseur genötigt werden, ihre Rollen in seltsamen Kostümen zu interpretieren. Das hatten sie auf der Schauspielschule in Aschaffenburg nicht gelernt. Da nutzt es dem

Akteur auch nichts, seinen Hamlet perfekt auswendig gelernt zu haben, wenn er die Rolle dann weitgehend unbekleidet zu sprechen und seine Blöße mit einer aktuellen Sportzeitung zu verbergen hat. Oder wenn er während seines Monologes statt zu einem menschlichen Schädel zu einem Blumenkohl redet, wohl in Anspielung an einen ehemaligen Bundeskanzler. Wenn das Publikum unter gellenden Pfiffen in der Pause das Theater verlässt, erst dann weiß der bis dahin zweifelnde Regisseur: er hat alles richtig gemacht.

Opernregisseure pflegen ebenfalls diese subtile Kunst der gezielten Provokation. Da auch hier Musik und Text weitgehend unangetastet bleiben, sind es ebenfalls Kulisse und die Bekleidung der Darsteller, mit denen erfolgreich experimentiert werden kann. So findet in Carl Maria von Webers bekannter Oper „Der Freischütz" die dramatische Wolfsschluchtszene nicht notwendigerweise in einer romantisch nachempfundenen Wolfsschlucht statt, sondern könnte sich beispielsweise in einem schwedischen Möbelhaus abspielen. Das regt nicht nur die geistige Mitarbeit des überraschten Opernbesuchers an, sondern erinnert ihn auch daran, morgen noch ein Bücherregal zu kaufen.

Im Vergleich zu diesen ausgesprochen modernen und fortschrittlichen Versuchen erscheinen die Konzepte der Berliner Konzerthäuser dagegen ungewöhnlich rückständig, ja geradezu altmodisch. Das Motto scheint offenbar von Konrad Adenauer zu stammen: Keine Experimente! Hier wird Musik noch genauso gespielt wie vor über 150 Jahren. Es ist leider völlig unvorstellbar, dass bei einer Aufführung des bekannten Violinkonzerts in D-Dur, Opus 61, von Ludwig van Beethoven statt einer alten Stradivari mal eine moderne E-Gitarre eingesetzt wird.

Eine ganz neue Wirkung würde der berühmte „Bolero" von Maurice Ravel entfalten können, wenn man statt des klassischen Orchesters ein folkloristisches Ensemble einsetzen würde, bestehend aus Dudelsack, Panflöte und Bongotrommel. Ein akustisches Erlebnis, das uns durch antiquierte Dirigenten leider bislang vorenthalten wird.

Der kulturellen Vielfalt in Berlin entspricht das überaus reiche Angebot von Tageszeitungen. Neben den in Berlin erscheinenden Blättern können auch regionale und überregionale Zeitungen erworben werden, und sogar exotische Druckerzeugnisse sind zu haben, wie Prawda, Daily News, Le Monde oder gar die Lausitzer Rundschau. Das erlaubt den Berlinern, sich nicht nur von einer Seite, sondern von vielen Seiten her falsch zu informieren. Die Berliner denken nämlich gerne nach. Vor allem das, was andere ihnen vorgedacht haben.

Auch Sport gibt es natürlich im kulturellen Angebot der Hauptstadt. Und so wimmelt es hier nur so von Eishockeyspielen, Pferderennen oder Leichtathletik-Meisterschaften. Also alles Großveranstaltungen, die sich die Berliner grundsätzlich gerne entgehen lassen.

Schließlich müssen noch die vielen Museen von Berlin erwähnt werden, es soll angeblich über 175 geben. Das bedeutet, dass es zu praktisch jedem Thema ein Museum gibt. Wenn man selbst eines gründen möchte, wird man wahrscheinlich feststellen: gibt es schon! In Berlin ist 1986 sogar das erste Teddymuseum der Welt gegründet worden, direkt am Kurfürstendamm. Für eine Stadt mit einem Bären im Wappen eigentlich eine Selbstverständlichkeit. Das Museum befindet sich allerdings seit 2002 im bayerischen Hof. Aber welcher Berliner fährt schon freiwillig nach Hof?

Angesichts dieser Fülle von vergleichbaren Institutionen überrascht es nicht, dass eines der authentischsten Museen in Berlin noch immer ein absoluter Geheimtipp ist, obwohl es mitten in der Stadt liegt und sehr gut zu erreichen ist. Unter einer interessanten Stahlkonstruktion wird anhand einzigartiger Exponate das Leben im damaligen West-Berlin dokumentiert, ein Leben zwischen Drogen, Hoffnung und Freiheit. Die Museumsleitung hat sich bemüht, dieses beschwerliche Dasein so ehrlich wie möglich und völlig ungeschminkt darzustellen. Durchwandert man die Ausstellung, stellt sich das Gefühl ein, das Rad der Zeit würde sich zurückdrehen. Der Eintritt ist übrigens frei.

Versäumen Sie also nicht einen Besuch im Bahnhof Zoo.

14. Ein Besuch in Ost-Berlin im Jahr 1985

In den 80er Jahren hegten manche West-Berliner einen sehr merkwürdigen Wunsch: sie wollten wenigstens einmal im Leben den schöneren Teil der Stadt besichtigen. Dazu musste man einige Zeit vorher ein Visum beantragen und den Besuch genauestens begründen. An der Grenze wurde man von freundlichen Grenzpolizisten begrüßt, die sehr besorgt waren und jeden Besucher genau kontrollierten, ob man nicht vielleicht gesundheitsgefährdende Dinge bei sich hatte, wie Pistolen oder Sprengstoff.

Sie waren auch ungewöhnlich interessiert an technischen Fragen. Hatte man zum Beispiel einen Fotoapparat dabei, wollten sie es genau wissen und schraubten sogar vorsichtig alles auseinander – eine herzliche Anteilnahme, die wir vom Westen her so nicht kannten. Sogar Adventskalender wurden auf diese vorbildliche Weise sorgsam bis ins letzte Detail inspiziert.

Wie üblich bei solchen touristischen Sehenswürdigkeiten, wurde gerne ein angemessenes Eintrittsgeld entrichtet. Nun konnte man endlich das sozialistische Arbeiter- und Bauernparadies bestaunen. Beim Spaziergang auf der Friedrichstraße fiel allerdings sofort auf, dass man kaum Arbeiter sah und auch keine Bauern, die gerade dabei gewesen wären, auf dem Alexanderplatz einige Zuckerrüben zu ernten. Es waren eher Menschen wie Du und ich. Selbst mitgeführte Sprachführer erwiesen sich als vollkommen nutzlos.

Stattdessen konnte man auffällige Schilder erblicken, auf denen in leuchtendem Rot der Sieg des Sozialismus verkündet und die unerschütterliche Freundschaft zur Sowjetunion beschworen wurde. Bedenkt man, dass im sozialistischen Staat die Planwirtschaft üblich war und kombiniert man dies mit der hohen Anzahl solcher Schilder, wird klar: hier wurden die Pläne deutlich übererfüllt. Was für ein eindrucksvoller Beleg für die Überlegenheit des Sozialismus. Tatsächlich herrschte im damaligen West-Berlin ein auffälliger Mangel an solchen Schildern.

Es wird Zeit, hier kurz unseren Spaziergang zu unterbrechen. Und zwar für eine Hommage an das bedeutendste Kulturprodukt der DDR: eine Ode an den Trabant. Selbst wer diese Zeiten nicht mehr persönlich miterlebt hat, weiß, dass der Trabant – liebevoll Trabbi genannt – ein kleines Auto war, dessen Motor täuschend echt einen Rasenmäher imitieren konnte und dessen beeindruckendes Farbspektrum hauptsächlich von einem hellen Graublau bis zu einem dunklen Blaugrau reichte. Über dieses Fahrzeug sind vor, während und nach der Wende unzählige Witze gerissen worden. Es wäre ein Leichtes, ihnen hier weitere hinzuzufügen. Doch das wäre ungerecht.

Ist es nicht psychologisch viel interessanter zu fragen, warum über den Trabbi so viel gelacht wurde? Die Lösung ist – wissenschaftlich betrachtet – viel einfacher als erwartet. Der Trabant hatte nämlich zwei Leidensgenossen, denen es ähnlich erging. Eine Schwester in Frankreich, die Ente, weniger bekannt als Citroën 2CV. Und einen Bruder in Westdeutschland, den Käfer aus dem Hause Volkswagen.

Dieses Trio infernale der Automobilbranche hatte eine merkwürdige Geschichte. Trabbi, Ente und Käfer zogen nämlich aus, um die Welt zu erobern. Jahrzehntelang haben sich die drei souverän den gängigen Klischees sportlich eleganter Familienautos widersetzt.

Doch statt als ganz offensichtliche Fehlkonstrukte sofort wieder von der Bildfläche zu verschwinden, sind es ausgerechnet sie gewesen, die über viele Jahrzehnte hinweg die meist gefahrenen und meist geliebten Autos in ihren Ländern waren und geradezu Kultstatus erreichten. Alle drei stellten sogar in der Filmindustrie die beliebtesten Fortbewegungsmittel und ihr Anblick erzeugte stets jene bekannte Mischung aus Amüsement und ehrlicher Bewunderung. Das eher abfällige Lachen und derbe Herumwitzeln über Trabbi, Ente und Käfer entsprang also nur dem Neid der anderen Automarken, die eine solche Erfolgsgeschichte nicht vorweisen konnten.

Kein Wunder also, dass die Kriterien der Autobranche, was gut und was schlecht zu sein hat, immer so gewählt wurden, dass unsere drei kleinen motorisierten Spaßmacher dabei denkbar schlecht weg kamen. Zum Beispiel diese völlig sinnlose Frage von Automobilfetischisten, wieviel Zeit ein Fahrzeug braucht, um von null auf hundert Stundenkilometer zu kommen. Die allerersten Trabbis schafften überhaupt nur 90 Km/h, da hätte man lange testen können. Aber auch für die späteren Varianten war diese Frage völlig sinnlos. Wenn man in der DDR ohnehin nirgendwo schneller als 100 Km/h fahren durfte – und es besser auch gar nicht erst versuchte – dann war es doch egal, ob man bis zum Erreichen der erlaubten Höchstgeschwindigkeit der Beschleunigung gemütlich zusehen konnte, oder ob man dieses Tempo schon nach 3,9 Sekunden geschafft hatte.

Genauso gut hätte man messen können, wie schnell ein Auto fliegt, wenn man es in acht Kilometern Höhe aus einem Flugzeug wirft. Rein physikalisch betrachtet hätte der Trabant hier übrigens mit der internationalen Spitzenklasse mithalten können.

Noch lange Zeit nach dem Mauerfall schwärmten überzeugte Trabantfahrer von ihrem Fahrzeug und lobten dessen Zuverlässigkeit. Kein Wunder, schließlich besaß der Trabant so gut wie nichts, was hätte kaputt gehen können. Das war auch dringend notwendig, denn die Straßen im sozialistischen Lager waren kunstvoll einer Mondlandschaft nachempfunden.

Selbst festmontierte und völlig verschweißte Westautos fingen schon nach wenigen Kilometern an, wichtige Einzelteile zu verlieren, um so nach und nach auseinanderzufallen. Um dieses einmalige Abenteuer genießen zu können, wurde sogar eine Straßenbenutzungsgebühr verlangt. Ja, es war nicht alles gut in der DDR.

Wir im konsumgeprägten Westen bemitleideten die Ost-Berliner seinerzeit stets darum, dass sie einen Trabant bestellten und dann viele, viele Jahre warten mussten. Aber so war das eben damals im real existierenden Sozialismus. Die Auslieferung des Fahrzeugs wurde nämlich ganz bewusst verzögert, denn das Motto lautete: Vorfreude ist die schönste Freude. Diese Art von erwartungsfroher Vorfreude ist uns in West-Berlin leider immer durch die sofortige Auslieferung vorenthalten worden.

Aber dieses Verfahren hatte noch einen weiteren unschätzbaren Vorteil. Es war nämlich gut für die Umwelt. Etwa die ersten acht Jahre nach der Bestellung verursachte der Trabant weder Krach noch Gestank. Und er verbrauchte auch gar kein Benzin.

Ein Besuch in Ost-Berlin zeigte natürlich einige Unterschiede zum Westen auf, etwa bei den alljährlich stattfindenden Paraden am 1. Mai. Vorbeiziehende Panzer und Soldaten dokumentierten eindringlich den Friedenswillen, und Tausende von jubelnden Menschen unterstützten dies mit ihren Plakaten, die – vermutlich nur ein dummer Zufall – alle irgendwie gleich aussahen. In West-Berlin wollten die Demonstranten zwar auch ihren Friedenswillen bekunden, solidarisierten sich aber auch mit der Natur. Wenn im Mai sogar die Bäume ausschlagen, warum dann nicht auch wir, war das offensichtliche Motto.

Und so wurde im Namen des Friedens und als sichtbares Zeichen gegen Gewalt in der Nacht zum 1. Mai schon mal der eine oder andere Lebensmittelmarkt symbolisch in Schutt und Asche gelegt und anschließend in großer Verbundenheit mit den hungernden und armen Menschen in der Dritten Welt solidarisch ausgeplündert. Insbesondere, was den Alkohol angeht.

Man konnte damals aber auch schon feststellen, wie ähnlich sich Ost und West eigentlich noch immer waren. Das zeigte mir jedenfalls ein Besuch im legendären Plänterwald, einem dauerhaften Vergnügungspark, dessen vierzig Meter hohes Riesenrad sehr beeindruckend war. Noch beeindruckender aber war für mich, dass einige Punker auf einer Bühne zu heftiger Musik tanzten und fröhlich herum hüpften. Das war aber noch nicht die Ähnlichkeit, die auffiel.

Sondern vielmehr, dass die Volkspolizisten sich ihnen gegenüber genau so verhielten, wie ich es Jahre zuvor in Kreuzberg in einem besetzten Haus bei ihren West-Berliner Kollegen gesehen hatte.

Besonders interessant waren in den Straßen Ost-Berlins die vielen Buchhandlungen mit ihrem reichhaltigen Sortiment. In einem Geschäft lag im Schaufenster die langerwartete Gesamtausgabe der Werke von Karl Marx. Darauf hatten alle gewartet. Im Laden nebenan konkurrierte jemand mit der 42-bändigen Neuveröffentlichung der Schriften von Wladimir Iljitsch Lenin. Und alles so spottbillig. Sehr beliebt waren auch Bücher, mit denen fremde Sprachen gelernt werden konnten. „Russisch für Dich" oder „Bulgarisch in 30 Tagen" waren die Renner. Jedenfalls bei Russen und Bulgaren.

Ein wirklich reiches Büchersortiment fand man damals in einem Buchladen in der Karl-Liebknecht-Straße, der den etwas irritierenden Namen „Das Internationale Buch" trug. Irritierend deshalb, weil dort nämlich keineswegs das internationale Buch lag, sondern Bücher in einer geradezu beängstigenden Anzahl. Hier konnte man nun endlich auch das gesamte umgetauschte Geld loswerden, welches man längst vergessen hatte, weil die Münzen, die man da in der Tasche trug, so federleicht waren.

Gut, manche Themen waren in diesem Laden vielleicht etwas sparsam vertreten, aber für mich – respektive für meine naturwissenschaftlichen Interessen – war es das El Dorado und der Höhepunkt eines jeden Besuchs. Schwer beladen verließ ich jedesmal das bibliophile Paradies.

Hatte man dann immer noch ein paar Groschen übrig, besuchte man ein Café. An den Wänden hingen hier nicht etwa kostbare Ölgemälde oder übergroße Fotographien von mediterranen Landschaften – nein, hier wurde man in die Gaststätte gelockt durch ein einfaches, sachliches Portrait des Generalsekretärs der Sozialistischen Einheitspartei Deutschlands und Staatsratsvorsitzenden der Deutschen Demokratischen Republik. Da machte das Essen und Trinken doch gleich doppelt Spaß.

Bis heute hält sich hartnäckig das Gerücht, in Ost-Berlin habe es damals stets ein Mangel an allem gegeben. Das ist aber nur eine

Frage der Perspektive. Bestellte man in einem Café eine Tasse Kaffee, so war es schon mal möglich, dass sie gerade keinen Kaffee hatten. Und leider auch keinen Tee. Also fragte man einfach, was sie denn anzubieten hätten. Dann konnte es durchaus mal geschehen, dass die Kellnerin sagte: „Rhabarbersaft! Rhabarbersaft hätten wir im Angebot". Na bitte, dann trank man eben einen Liter Rhabarbersaft. Na strovje! Um die staunenden West-Berliner nicht zu sehr an diese paradiesischen Zustände zu gewöhnen, war es üblich, am späten Abend traurig in den trüben Westen zurückzukehren, um von diesem unvergesslichen Tag zu berichten. Und abends dann, im Bett, konnte man endlich anfangen, etwas Russisch zu lernen. Do svidaniya!

15. Ein Besuch in West-Berlin im Jahr 1985

Im sozialistischen Arbeiterparadies bestand normalerweise keine Notwendigkeit, gelegentlich mal den Klassenfeind zu besuchen. Außerdem hatte wegen der Planerfüllung auch niemand dafür Zeit. Kein Wunder also, dass man damals in West-Berlin kaum auf Ost-Berliner traf.

Sprach man beispielsweise zufällig einen Touristen an, so war die Wahrscheinlichkeit größer, dass er von den Fidschi-Inseln oder aus Madagaskar kam als etwa vom Prenzlauer Berg oder vom Ufer des Müggelsees. Lediglich wenn es galt, einen runden Geburtstag eines Familienmitgliedes zu feiern, den es bedauerlicherweise irgendwann nach West-Berlin verschlagen hatte, ließ sich ein Besuch nicht vermeiden.

Zunächst galt es, diesen an sich unverständlichen Vorgang beim Ministerium für Staatssicherheit zu begründen. Um Angehörige nicht zu sehr mit den schlimmen Zuständen im kapitalistischen System seelisch zu überfordern, war es naheliegend, nicht die eigenen Kinder mitzunehmen.

Stellen wir uns also eine Ost-Berlinerin vor, die 1985 den 90. Geburtstag ihres Onkels in West-Berlin feiern muss. Es ist ein nebeliger Novembertag und es nieselt – kurzum: sie fühlt sich sofort wie zuhause. Etwas irritiert nimmt sie zur Kenntnis, dass es etwa tausend verschiedene Automarken in allen Farben gibt. Außerdem sind sie so unverschämt leise, dass sie fast angefahren wird. Sofort fällt ihr auf, dass alles mindestens zehnmal so teuer ist wie daheim. Und dann dieser eklatante Mangel. In einem Buchgeschäft fehlt zum Beispiel die Gesamtausgabe der Werke von Karl Marx, eine Bestellung würde wenigstens drei Tage dauern. Außerdem kostet sie hier so viel wie zuhause ein gebrauchter Trabant. Mit der Lenin-Ausgabe ist es übrigens nicht viel anders.

Natürlich erleben wir mit ihr immer wieder peinliche Situationen. So will sie in einer Pizzeria einen Liter Rhabarbersaft bestellen, natürlich gibt es hier diese nahrhafte Flüssigkeit nicht, typisch. Um ihr aber einen Gefallen zu tun, bestellen wir für sie einen richtig schönen kräftigen Espresso. Zum ersten Mal in ihrem Leben bekommt sie nun also dieses wunderbare italienische Nationalgetränk. Bereits nach zwei Stunden hat sich der Koffeinschock etwas gelegt und sie kann das Krankenhaus wieder verlassen.

Da wir nicht viel Zeit haben, fragen wir sie, welche der folgenden Sehenswürdigkeiten sie denn heute gerne noch besuchen möchte: das Charlottenburger Schloss, den Grunewaldturm oder den Reichstag. Sie denkt gar nicht lange nach, sondern entscheidet sich spontan für das berühmte „KadeWe", das Kaufhaus des Westens. Besonders die Feinschmeckerabteilung beeindruckt hier durch das reichhaltige Angebot an exotischen Nahrungsmitteln, Dinge, die sie nie im Leben freiwillig herunterwürgen könnte.

Am Abend gibt es dann die Geburtstagsfeier. Im Erzählen politischer Witze hält sie sich allerdings auffällig zurück, denn bestimmt sind einige Anwesende in Wirklichkeit Mitarbeiter vom Bundesnachrichtendienst, die sie heimlich ausspionieren wollen. Das hat sie mal in einer sehr objektiven Fernsehreportage im DDR-Fernsehen gesehen. Nur einmal gelingt ihr eher versehentlich ein Witz, als sie spontan ausrief: „Hoch lebe der Fernsehturm mit Erich Honecker an der Spitze!"

16. „…und das soll die Wahrheit sein?"

„Ach, es ist ein Fehler unserer Wissenschaft, dass sie alles zu erklären wünscht, und wenn sie es nicht erklären kann, dann sagt sie, es gäbe daran nichts zu erklären."
Bram Stoker (1897) in: Dracula

Im Sommer findet für mich als Naturwissenschaftler immer der wichtigste Tag des Jahres statt. Genau genommen, die wichtigste Nacht des Jahres: nämlich die „Lange Nacht der Wissenschaften". Tausende von Menschen strömen einigermaßen neugierig in die verschiedenen wissenschaftlichen Einrichtungen der Stadt und sind überrascht. So hatten sie sich eine Universität nun gerade nicht vorgestellt – eher so wie im Fernsehen, wo vertrottelte Professoren in weißen Kitteln verrückte Erfindungen machen.

Da ist zum Beispiel ein älterer Herr, der mich besorgt fragt: „Was ist denn das da für ein langhaariger Penner, der da mit der buntkarierten Jacke?"

„Ach, das ist ein Professor" erkläre ich ihm, „der hält nachher einen Vortrag über die theoretische Möglichkeit von Zeitreisen."

Ich beruhige ihn: „Normalerweise trägt er keine buntkarierte Jacke, sondern ein buntkariertes T-Shirt."

Ich halte mich ja bei der „Langen Nacht der Wissenschaften" am liebsten im sogenannten Schülerlabor auf, in dem Kinder mit einfachen naturwissenschaftlichen Experimenten spielerisch etwas lernen können, und erfahren, wie die Erde entstand und sich das Leben auf ihr entwickelt hat.

Naturgemäß bestehen zwischen Kindern und Eltern noch erhebliche Wissensunterschiede. Kinder wissen nämlich immer viel mehr als ihre Eltern. Typische Fragen bei der „Langen Nacht der Wissenschaften" sind daher: „Wo hat er das bloß alles her?" oder „Woher weiß denn unsere Tochter so viel?"

Da ist zum Beispiel Max, er ist zehn Jahre alt. Er lauscht einem Vortrag über die Position der Erde im Weltall, wonach der nächste Fixstern der Sirius ist, immerhin 8,8 Lichtjahre entfernt.

„Sirius A oder Sirius B?" fragt Max. „Stimmt, der Sirius ist ja ein Doppelstern, beide drehen sich um einen gemeinsamen Schwerpunkt!" antwortet die Dozentin etwas überrascht. Auch der Vater von Max ist überrascht, hatte er Sirius doch bislang für eine bulgarische Automarke gehalten.

Oder nehmen wir Eileen. Sie ist zwölf Jahre alt und spielt mit einigen Weltkarten, auf denen die verschiedenen Positionen der Kontinente im Verlaufe der letzten 250 Millionen Jahre dargestellt sind. Sie bringt die Karten in die richtige chronologische Reihenfolge, schneller als ich es jemals in einer Diplomprüfung erlebt hätte.

Eine junge Frau fragt, warum die Dinosaurier ausgestorben sind. „Vor 65 Millionen Jahren" – ich zeige auf die entsprechende Karte – „schlug hier" – ich zeige auf Mexiko – „ein Meteorit ein."

„Aha, und der fiel den Dinosauriern auf den Kopf?" fragt Eileen schelmisch. „Na, nur denen in Mexiko" scherze ich zurück. „Tatsächlich verursachte der Einschlag damals eine riesige Staubwolke, viele Pflanzen gingen ein und so starben die Saurier aus." Aber das weiß Eileen längst.

Nicht so die junge Frau: „Wollen Sie uns etwa einreden, dass beim Aussterben der Dinosaurier der Mensch seine Finger nicht im Spiel hatte?" „Aber vor 65 Millionen Jahren gab es doch noch gar keine Menschen" entgegne ich.

„…und wenn es damals Menschen gegeben hätte, wären die Dinosaurier bestimmt schon viel früher ausgestorben" vermutet Eileen.

„Und das soll die Wahrheit sein?" fragt die junge Frau, „man liest ja immer so viel in den Zeitungen vom Artensterben und so…"

Max zeigt auf eine Karte und fragt: „das ist sicher Europa während der letzten Eiszeit, stimmt's?" „Bingo!" sage ich, „da war bei uns alles voll mit Eis und Schnee."

„Wie im letzten Winter?" fragt ein Vater etwas verunsichert.

„Noch viel schlimmer" antwortet Max, „da hätte wohl nicht mal die Stadtreinigung etwas machen können." „Genau" sage ich,

„aber vor 11.000 Jahren endete die Eiszeit, und seitdem wird es immer wärmer."

Der verunsicherte Vater fragt nach: „Was haben die Menschen denn damals gemacht, damit es wieder wärmer wird? Haben die großflächig Waldbrände gelegt? In den Zeitungen steht doch immer, der Klimawandel sei menschengemacht."

„Aber das betrifft doch nur das letzte Jahrhundert oder so" entgegne ich leicht verzweifelt, „da haben über 10.000 Jahre lang ganz andere Mechanismen gewirkt. Am Ende vom letzten Eisvorstoß lebten auf der ganzen Erde ohnehin höchstens 10 Millionen Menschen, und die waren sicher ganz froh, dass es endlich wieder wärmer wurde."

„Und das soll die Wahrheit sein? In den Zeitungen steht doch..." Ich unterbreche ihn. „Kennen Sie George Bernard Shaw?" „Na ja, nicht persönlich" gesteht er ehrlich.

„Sehen Sie, der hat mal gesagt: Journalisten sind Leute, die ein Leben lang darüber nachdenken, welchen Beruf sie eigentlich verfehlt haben."

Ein Satz, der immer gut ankommt. Außer bei Journalisten natürlich. Erleichtert stelle ich fest, dass er überhaupt nicht verstanden hat, was ich ihm damit sagen will.

Eileen möchte nun wissen, wie das Leben auf der Erde entstanden ist, und ob es denn stimmen würde, dass die Gesetze der Entropie die spontane Verbindung von Aminosäuren in einem offenen System, wie es die Erde nun mal ist, erschweren würden.

Noch bevor ich irgendetwas sagen kann, blökt ein Familienvater sein mühsam erworbenes Fachwissen in den Raum: „Das Leben kommt aus dem Weltall!" Das habe er in einer Zeitung gelesen, und zwar nicht in irgendeiner Zeitung, sondern in der wichtigsten deutschen Zeitung überhaupt, die mit den vier Buchstaben, na, ich wisse schon.

„Ach" antworte ich überrascht: „Sie lesen die Emma? - Aber da stand so was bestimmt nicht drin."

Ich versuche, ihm kurz die Zusammenhänge zu erklären: „Gemeint ist, dass Aminosäuren überall, auch im Universum, gebildet werden können. Und daher findet man Aminosäuren manchmal auch in Meteoriten, und die könnten auch vor Urzeiten auf die Erde geregnet sein."

„Das hat doch mal ein schwedischer Chemiker geschrieben" meint Eileen. „Ach, wann war das?" fragt mich der Familienvater. „1906. Da können Sie mal sehen, wie aktuell ihre Zeitung ist. Die mit den vier Buchstaben, na, Sie wissen schon."

Inzwischen ist die Zeit vorangeschritten und es geht langsam auf Mitternacht zu. Max und Eileen diskutieren bei dem Professor mit der buntkarierten Jacke über die theoretische Möglichkeit von Zeitreisen. Derweil nehmen ihre Eltern – ohnehin eher praktisch veranlagt – auf eigens dafür aufgestellten Bänken Platz und trinken ein paar Gläser Wein. Denn im Wein soll ja die Wahrheit liegen.

Und dann schlummern sie ganz langsam hinweg. Denn das haben sie heute Abend gelernt: zu viel Wahrheit ist gar nicht gesund.

P.S.: Max und Eileen gibt es übrigens wirklich. Ich wünsche ihnen erstmal alles Gute. Und später ein paar Nobelpreise.

17. Villa am Wannsee

Es ist für mich immer sehr interessant, naturwissenschaftliche Vorträge an Orten zu halten, die selbst mit Naturwissenschaft rein gar nichts zu tun haben.

So hielt ich mal einen Vortrag über Leben und Werk einer jüdischen Wissenschaftlerin in der Villa am Wannsee, Ort der berüchtigten Wannseekonferenz, bei der die sogenannte „Endlösung der Judenfrage" beschlossen wurde.

Es war ein sehr heißer Sommertag. Das war zwar gut für Berlin. Aber schlecht für meinen Vortrag. Die Menschen strömten nämlich in Massen zum Wannsee. Aber nicht zur Villa, sondern zum Freibad auf der anderen Seite des Sees. So blieb das Publikum recht übersichtlich. Ich fragte die Anwesenden sogar, ob sie sich untereinander persönlich kannten. Beide nickten zustimmend.

Selbst an einem solchen Ort können sich Geschichten ereignen, die einmal mehr zeigen, dass Berlin eine Stadt der Realsatire ist. Geschichten, die so absurd sind, dass menschliche Fantasie nicht ausreichen würde, sie zu erfinden.

So berichtete eine Mitarbeiterin der Villa am Wannsee im Gespräch nach meinem Vortrag, dass einmal eine Schulklasse zu Besuch war. In der Bibliothek hätte sich ein 16jähriger Schüler mit markantem Kurzhaarschnitt hervorgetan. Er wäre der Sascha, und ob es denn hier „Mein Kampf" zu lesen gäbe. Man gab ihm das Buch, doch Sascha stellte überrascht fest, dass er die altdeutsche Schrift nicht entziffern konnte.

„Das kann ich ja gar nicht lesen!" monierte er. Wie gut, dass in diesem Augenblick ein freundlicher Klassenkamerad zu Hilfe kam. „Komm, ich lese es Dir vor" sagte dieser. Sascha lauschte aufmerksam, was ihm da vorgelesen wurde. Ganz wohl war ihm aber nicht dabei, dass nun ausgerechnet Mustafa diese Schrift lesen konnte, der Klassenprimus aus Anatolien.

18. Auf dem Rummelplatz

Nach dem Ende des Zweiten Weltkrieges zwangen die drei Besatzungsmächte die West-Berliner Bevölkerung, jedes Jahr auf Volksfeste zu gehen, um die plötzliche Freundschaft mit den Besatzern eindrucksvoll zu dokumentieren. So entstanden etwa das Deutsch-Französische und das Deutsch-Amerikanische Volksfest. Thematisiert wurden kulinarische und geographische Besonderheiten bestimmter Regionen. Anders gesagt: nichts, was die Berliner wirklich interessieren würde.

Im Ostteil dagegen verschonte die Sowjetunion ihre neuen Freunde zunächst mit vergleichbaren Veranstaltungen, denn schließlich benötigte die deutsch-sowjetische Freundschaft keine derart oberflächlichen Schauspiele. Das heißt, genau genommen gab es das schon, nur fand das nicht jedes Jahr statt, und es hieß auch nicht Deutsch-Sowjetisches Volksfest, sondern nannte sich einfach „Parteitag der SED". Die Stimmung war jedoch vergleichbar. Ebenso der Alkoholverbrauch.

Erst 1972 bemerkte man in der DDR, dass so ein Volksfest doch recht brauchbar sei, versteckte es jedoch unter dem Namen „Drushba-Fest", also Freundschaftsfest. Wem allerdings diese Freundschaft galt, blieb unerwähnt.

Schon 1949 wurde den bedauernswerten West-Berlinern ein fremdländisches Fest aufgezwungen, das Oktoberfest aus Bayern. Eine wahre Demütigung für die preußischen Großstädter. Es heißt übrigens so, weil es meistens im September anfängt. Hier haben kleine Kinder die einmalige Möglichkeit, mit dem Karussell stundenlang völlig sinnlos im Kreis zu fahren, gewissermaßen als Vorbereitung auf ihren späteren Beruf als Formel-Eins-Rennfahrer. Erwachsene fahren dagegen gerne mit der Achterbahn, um wenigstens für ein paar Minuten die Kinder los zu sein und um nebenbei die eigene Verdauung anzuregen. Leider manchmal mit unbeabsichtigten Nebeneffekten.

Besonders beliebt ist auf den Rummelplätzen stets eine Fahrt mit der Geisterbahn, hier kann man hässliche Gestalten sehen mit schrecklich verzerrten Fratzen, die einem nichts Gutes wollen, und die dabei entsetzliche Geräusche machen. Also fast wie bei einer Bundestagsdebatte. Und was wäre schließlich ein Rummel ohne das Ziehen von Losen! Das lohnt sich immer, denn die Gewinne sind beachtlich. Manch einer investiert deshalb viel Geld, um dann überglücklich mit einer billigen und völlig geschmacklosen Plastikvase davonzuziehen.

Apropos geschmacklos. Hauptattraktion auf jedem Rummelplatz sind natürlich die Bierzelte, in denen man völlig überteuertes Bier in sich hineinschütten kann. Tatsächlich beobachtet man hier einen Kampf gegen Alkoholmissbrauch, denn für das Geld eines einzigen Glases hätte man im Supermarkt einen halben Kasten kaufen können. Höhepunkt eines jeden Volksfestes ist schließlich das abendliche Feuerwerk, das nach neuesten Untersuchungen – statistisch gesehen – immerhin fast die Hälfte aller Besucher noch bei vollem Bewusstsein erlebt.

19. Literatur in Berlin

Berlin ist eine Stadt der Literatur. Die berühmtesten Schriftsteller der Welt stammen aus dieser Stadt. Es gibt so viele Beispiele, dass wir hier auf Namen verzichten können. Sie wissen ohnehin, wen ich meine. Tatsächlich, Lesen und Schreiben gehören zu den elementaren Grundbedürfnissen der Berliner Bevölkerung.

Schon in der Schule solidarisieren sich Kinder, in dem sie beim Aufsatz einfach vom Nachbarn abschreiben. Das ist für den späteren Beruf wichtig. So schreiben Polizisten gerne mit einer einzigartigen Mischung aus Begeisterung und Kreativität die Kennzeichen falsch geparkter Autos auf. Die Berliner lesen auch gerne und viel, zum Beispiel Kontoauszüge, Tagebücher fremder Leute und Fahrpläne der Bundesbahn.

Aber natürlich bevorzugen sie auch anspruchsvolle Literatur, wie Comics oder Speisekarten. Manchen Lesestoff verweigern sie jedoch beharrlich, zum Beispiel Verbotsschilder und Geschwindigkeitsbeschränkungen. Kritiker bemängeln allerdings häufig, Berlin habe einfach kein richtiges Zentrum für Literatur, so etwas wie eine internationale Buchmesse.

Aber das stimmt nicht. Orte, an denen man sich mit gehobener Literatur beschäftigen kann, sind in Berlin außerordentlich häufig und in der ganzen Stadt gleichmäßig verteilt: und zwar die Eckkneipen. Sicher, beim Öffnen der Tür einer Kneipe ahnt niemand, dass man soeben einen Tempel der literarischen Künste betreten hat. Man schaut Menschen gelangweilt beim Billard oder beim Skat zu oder mit anderen Gästen ein Fußballspiel.

Natürlich könnte man ein solches auch zuhause ansehen, aber das ginge nur in Anwesenheit der störenden Gattin, mit der man sich, statt zu fragen, ob das Tor eben aus einer klaren Abseitsposition erzielt worden ist, mit langweiligen Themen wie Haushaltsgeld oder dem Scheidungstermin beschäftigen müsste.

Kurzum: nichts deutet darauf hin, gleich mit Meisterwerken der Dichtkunst konfrontiert zu werden. Doch dann, nach dem es erfolgreich gelungen ist, aus fünf vollen Biergläsern fünf leere gemacht zu haben, ist es soweit. Man geht zum Klo. Und betritt die Wunderwelt der Berliner Klosprüche. Denn das ist die wahre Literaturszene von Berlin. Während des Wasserlassens kann man sich Gedanken machen über Phrasen wie „Steter Tropfen höhlt die Leber" oder „Unfruchtbarkeit ist erblich!"

Dann fällt unser Blick auf die Erkenntnis „We learn from experience that men never learn anything from experience". Wir lernen also nicht nur – ohne es zu ahnen – ein Zitat von George Bernard Shaw auswendig, sondern auch, dass hier mal ein Brite seinem Hobby nachging.

Links davon steht: „Sono pazzi questi romani", also „Die spinnen, die Römer!" Das beweist, dass hier mal ein Italiener urinierte. Oder der Papst.

Wenn es mal etwas länger dauert, kann man auf einem Klo auch ganze Gedichte lesen, in denen die Berliner Kneipenlyriker ihre Weltanschauung zum Besten geben.

Offenbar während des ersten Irakkrieges entstand in einer Eckkneipe im Wedding folgendes gedankenreiche Oeuvre:

Wie konnten unsere Ahnen ahnen,

dass wir nicht nur mit Siegen siegen,

und dass, wenn all die Irren irren,

wir Zeiten nur mit Kriegen kriegen?

In Kneipen im östlichen Teil der Stadt thematisieren die Klosprüche stets Probleme aus der eigenen politischen Vergangenheit. Zum Beispiel:

...der bauer von der LPG

fährt mit dem trabbi heim die saat

und achtet nicht auf die gefahr

obwohl von links ein kombinat...

Ein überaus verliebter Wortakrobat ließ sich zu folgender Aussage hinreißen:

die katja, die hat ja,

zwei augen schön und braun,

drum will ich, ganz willig

stets in dieselben schau'n...

Kurz gesagt: man sollte möglichst oft Berliner Eckkneipen aufsuchen. Neben nahrhaften Getränken gibt es immer wertvolle und lebendige Literatur. Berliner Eckkneipen: eine stets lesenswerte Einrichtung.

P.S.: Dass man tatsächlich in Berlin in eine Wirtschaft geht und dort hervorragende Literatur zu lesen bekommt, erscheint einem fast als kleines Wunder. Eben ein Wirtschaftswunder.

20. Kneipen in Berlin

Da wir gerade Berlins Kneipen als verborgenes Literaturparadies entlarvt haben, sei darauf hingewiesen, dass hier selbstverständlich auch kalte Getränke eingenommen werden können. Es gibt in Berlin – angeblich – etwa 13000 gastronomische Einrichtungen, überwiegend Kneipen. Bei rund 3,4 Millionen Einwohnern (Säuglinge und Kinder verständlicherweise mitgerechnet) heißt das: 260 Personen pro Kneipe, oder: eine höchst bedenkliche Unterversorgung der Stadt.

Die älteste Einrichtung dieser Art heißt „Zur letzten Instanz", ein etwas leichtsinniger Name für eine Kneipe. Immerhin liegt sie an der schönen Spree, und dort, wenn auch unter verschiedenen Namen, schon seit 1621.

Stets unter dem gleichen Namen wird etwa seit 1885 das beliebte „Yorckschlösschen" in Kreuzberg bewirtschaftet. Hier gibt es einen Sommergarten, so dass man auch draußen sitzen kann. Das sollte man übrigens auch im Winter vorsichtshalber tun, denn drinnen gibt es manchmal Live-Musik von eher zweifelhafter Herkunft.

Generell gilt, in solch historischen Kneipen niemals demonstrativ ein Altbier bestellen. Das könnte zu erheblichen Missverständnissen führen. Nicht aber im „Quo vadis" in Wilmersdorf.

Ebenfalls zu Missverständnissen führte auch lange Zeit der Name einer Kneipe in Berlin-Reinickendorf: nämlich das sogenannte „Haus der Hundert Biere". Eine ziemlich dreiste Konsumaufforderung, der selbst der trinkfesteste Berliner an einem einzigen Abend nur unter Lebensgefahr nachkommen konnte.

Ein Besuch in einer Berliner Kneipe kann manchmal in nachhaltiger Erinnerung bleiben, bei einigen Touristen sogar noch nach Jahrzehnten. So lernte ich einmal in einem winzigen Dorf in der Frankenalb nahe Bamberg einen älteren, ziemlich angetrunkenen Herrn kennen. Also einen typischen Franken. Er erzählte, dass er noch nie aus seinem winzigen Dorf herausgekommen wäre. Außer ein einziges Mal. Da sei er nämlich für einen ganzen Tag in

Berlin gewesen. Und dann erzählte er mir eine Geschichte mit einer geradezu unglaublichen Pointe.

Er sei mit dem Bus durch Berlin gefahren und irgendwo ausgestiegen. Da wäre ein Gefängnis gewesen. Direkt gegenüber vom Gefängnis war eine Kneipe. Und was macht ein Franke, wenn er einen Tag in Berlin verbringen muss? Na klar, er geht in eine Kneipe.

„Door samma neigange!" sagte er. Er wiederholte den Satz, indem er jede Silbe besonders betonte: „Door sam - ma nei - gan - ge!"

Die Spannung stieg ins Unermessliche. Mit fiebrigerer Erregung erwartete ich die Pointe. Was mochte er dort bloß erlebt haben? Hatte er Mitglieder der Heilsarmee getroffen, womöglich einen berühmten Künstler, einen entlassenden Bundesligatrainer oder wenigstens den Dalai Lama?

„Door samma neigange" ertönte es zum dritten Mal, jetzt mit einem etwas verunsicherten Blick.

Und da endlich verstand ich. Das war die Pointe gewesen. Er war in eine Kneipe gegangen, die sich gegenüber von einem Gefängnis befand. So etwas kannte er aus seinem winzigen Dorf natürlich nicht. Obwohl: dort ist die Kneipe direkt gegenüber der Kirche.

21. Deutsche Teilung, oder:
Radio hören beim Klassenfeind

In Geschichtsbüchern ist zu lesen, dass es während der deutschen Teilung von 1949 bis 1989 viele Menschen gab, die dem eigenen eher kargen Angebot an populärer Unterhaltungsmusik dadurch zu entfliehen suchten, indem sie ihre Musik lieber bei Radiosendern vom Klassenfeind hörten. Heimlich wohlgemerkt, denn dabei wollte man auf gar keinen Fall erwischt werden. Die folgende Geschichte zeigt, dass es wirklich so war. Eine selbst erlebte Geschichte, die wohl nur in Berlin auf diese Weise möglich war.

In den 1960er Jahren gab es in der DDR einen Staatsratsvorsitzenden mit musikalischem Sachverstand. Angesichts der drohenden Invasion von englischem Liedgut einiger Gruppen wie den Beatles und den Rolling Stones stellte er 1965 unmissverständlich fest, dass die Kultur in der DDR „dieses yeh yeh yeh oder wie das alles heißt" nicht benötigt. Niemand ahnte, wie recht er damit hatte. Das berüchtigte Zitat vom „yeh yeh yeh oder wie das alles heißt" gilt bis heute als Beleg dafür, dass in der DDR die Szene an populärer Unterhaltungsmusik einfach langweilig und uninteressant war und dass die jungen Menschen lieber in den Radiosendungen beim Klassenfeind die ausländischen Beatgruppen hören wollten. Heimlich wohlgemerkt, denn dabei wollte man auf gar keinen Fall erwischt werden. Das mag damals so gewesen sein.

Aber die Entwicklung ging dann doch völlig anders weiter, als es die aktuelle Geschichtsbetrachtung heute gerne darstellt. So erschien 1971 ein deutscher Schlager, den wir damals in West-Berlin bei jeder Gelegenheit mitsangen, ein großer Hit. Bis wir überrascht feststellten, dass „Wie ein Stern" aus der DDR war. Was dem Erfolg des Liedes übrigens keinen Abbruch tat. Aber man war gewarnt. Offenbar war die DDR in der Lage, Unterhaltungsmusik auf gleichem, ja sogar auf höherem Niveau zu produzieren. Und tatsächlich: „Wie ein Stern" – das war musikalisch recht anspruchsvoll, nicht so abgedroschen wie „Schöne Maid, hast Du heut für mich Zeit? Ho ja hoh ja hoh!"

Und – man glaubt es kaum – das Husarenstück gelang noch einmal. Mitten in den 70er Jahren wurde bei vielen Klassenfeiern an West-Berliner Schulen rockige Musik gespielt, die richtig gut war. Woher diese eine Gruppe kam, die sich „Die Puhdys" nannte, wussten wir zunächst nicht. Damit sich ein solches Desaster nicht noch einmal ereignen konnte, wurde der nächste sich anbahnende Erfolg eines Liedes aus der DDR, nämlich „Über sieben Brücken", auch von einem westdeutschen Sänger interpretiert, der allerdings aus Rumänien stammte. Jedenfalls ist es ein hübsches Lied gewesen.

Doch dann geschah etwas Ungewöhnliches. Nun beschloss die Regierung der DDR nämlich, dass es vielleicht doch gar nicht so verkehrt sei, „dieses yeh yeh yeh oder wie das alles heißt" in das eigene Land zu lassen. So gab es 1980 eine Folge der beliebten DDR-Krimiserie „Polizeiruf 110" – übrigens bis 1990 eine wirklich gute Serie – in der bei einem Gespräch im Hintergrund etwas Musik zu hören ist. Und zwar aus dem amerikanischen Spielfilm „Saturday Night Fever", ein Lied von den Bee Gees! In einem Kriminalfilm! Sinnigerweise war es „Stayin' Alive".

Nun gab es kein Halten mehr. Verschiedenste fremdländische Musik-Richtungen wurden in der DDR populär und hier auch auf hohem Niveau weiterentwickelt. Eine dieser Richtungen war in den 70er Jahren aus dem britischen Hard Rock entstanden und nannte sich Heavy Metal. Nun ja, zunächst hatte diese Musik auch etwas Schwerfälliges. Da nur zwei Prozent der Bevölkerung im Westen diesen Krach hören wollte, erschien er nicht im Radio. Sie fand in der Öffentlichkeit einfach nicht statt. Die einzige deutschsprachige Radiostation, in der man in Berlin in den 80er Jahren regelmäßig aktuellen Heavy Metal hören konnte, sendete aus der DDR, aus dem Funkhaus in der Nalepastraße in Berlin-Oberschöneweide und hieß DT64. Die Sendung erschien an jedem Wochenende und nannte sich „Tendenz Hard bis Heavy".

Man muss sich das einmal vorstellen. Da hörte ich als West-Berliner diese Musik, die es im Westradio nicht gab, beim Klassenfeind. Heimlich wohlgemerkt, denn dabei wollte man auf gar keinen Fall erwischt werden.

Na gut, werden jetzt vielleicht manche denken, Heavy Metal ist nicht gerade das, was man sich unter großer Kultur vorstellt. Aber mal ehrlich: das ist dieser ganze Mainstream-Quatsch, „dieses yeh yeh yeh oder wie das alles heißt" ja auch nicht. Überraschenderweise wurde damals in dieser Sendung aber nicht nur die aktuelle Musik der amerikanischen und europäischen Bands gespielt. Nein, auch die DDR selbst hatte eine unglaublich kreative Heavy Metal-Szene anzubieten. Und die war nun im Staatsradio zu hören. Ganz offiziell!

Musikalisch waren die Gruppen aus Thüringen, Berlin und Sachsen auf hohem Niveau und konnten locker mit den internationalen Spitzenbands mithalten. Nur die Texte der DDR-Bands waren meistens besser. Jedenfalls sofern man sie überhaupt verstand. Und sie gaben sich recht originelle Namen, etwa „Guns in Leder". Oder „B.O.R.N.", was soviel hieß wie „Band ohne richtigen Namen".

Da auch nach 1989 nur zwei Prozent diesen Krach hören wollten, war abzusehen, dass die Sendung bald eingestellt wurde. Die letzte Folge lief nur wenige Monate nach der deutschen Vereinheitlichung. Schade, dass es heute keinen Klassenfeind mehr gibt, bei dem man „Tendenz Hard bis Heavy" hören kann. Aber so ein bisschen Erinnerung ist ja auch ganz schön.

P.S.: Wer in der DDR Heavy Metal machen wollte, konnte und durfte, der sah sich mit dem Problem konfrontiert, dass das eigene Englischvokabular nicht ausreichte, um selber Texte zu schreiben oder wenigstens sauber nachzusingen. Die Lösung war denkbar einfach: es wurden die englischen Texte der internationalen Vorbilder nur phonetisch nachempfunden. Gut, das klang dann ungefähr wie Arabisch rückwärts. Aber wen interessieren beim Heavy Metal schon die Texte? Oder gar die Musik?

22. Berlin – eine musikalische Zeitreise

Berlin war schon immer eine Stadt der Musik, stets originell und aktuell. Umso erstaunlicher ist es daher, dass diese Stadt keine wirklich bedeutenden Komponisten hervorgebracht hat. Der weltweit bekannteste Komponist aus Berlin dürfte wohl Felix Mendelssohn-Bartholdy gewesen sein, obwohl der eigentlich in Hamburg geboren wurde. Aber immerhin ist er hier begraben. Das ist ja auch schon mal was. Große Komponisten haben Berlin jedoch stets gerne besucht. Joseph Haydn, Antonio Vivaldi, Franz Schubert und Frederic Chopin zum Beispiel waren leider nicht dabei. Immerhin war Ludwig van Beethoven mal als junger Mann in Berlin, freilich nur auf der Durchreise. Es war ihm hier wahrscheinlich viel zu laut.

Berlin ist vielleicht mehr eine Stadt der leichten Muse. Wie überall auf der Welt wird auch hier eine Unterscheidung in E- und U-Musik vorgenommen. Also in „Echte" und „Unechte" Musik. Letzteres wird ja auch gern Unterhaltungsmusik genannt, vermutlich weil man sich dabei immer so schön unterhalten kann.

Hier war Berlin schon immer führend, egal ob die Couplets von Otto Reutter in den Goldenen 20er Jahren, ob die Schlager von Will Meisel oder Beat, Pop und Rock, bis hin schließlich zu jenen absonderlichen Geräuschen, die Musiker erzeugen, die sich selbst Rapper nennen.

Rapper sind junge Sänger, die über eine einzigartige Fähigkeit verfügen. Sie können nämlich überhaupt nicht singen. Und das so gut, dass sie gezwungen sind, ihre Texte zu sprechen und zwar vor einem musikalischen Hintergrund, der sehr rhythmisch betont ist und aus mindestens einem Akkord besteht. Das klingt zwar etwas langweilig. Aber das ist es auch. Und so griffen Rapper zu einer List.

Sie verwenden hochaggressive Texte, reich an derber Fäkalsprache und diskriminierenden Aussagen, Texte übrigens, die sie –

und das ist wirklich bewundernswert – ganz allein und ohne fremde Hilfe auswendig gelernt haben.

Da sie so skandalträchtig sind, werden ihre komischen Namen und Portraits durch die Berliner Boulevardpresse gereicht, so dass der geneigte Zeitungsleser in dem merkwürdigen Gefühl bestärkt wird, es würde sich dabei um ernstzunehmende Künstler handeln.

Früher war es genau umgekehrt. Da kannte man zwar die Musik, wusste aber oft gar nicht, von wem das Stück stammte. Heute ist genau anders herum. Und das ist vielleicht auch besser so.

23. Prostitution

Bei einer Betrachtung der Stadt Berlin stößt man unweigerlich auf ein sehr ernsthaftes und unangenehmes Thema. Es gibt in dieser Stadt nämlich Menschen, die in einem uralten Gewerbe arbeiten, das als moralisch verwerflich und unanständig gilt. Manche sind so schamlos, die machen für Geld einfach alles. Sie ahnen, um wen es geht: die Strafverteidiger.

Tatsächlich, wo es viele Straftaten gibt, muss es auch Strafverteidiger geben. Ihre vorrangigste Aufgabe besteht bekanntlich darin, den Angeklagten ihre gerechte Strafe vorzuenthalten. So spart der Staat die Gefängniskosten und der Verteidiger hat außerdem die Möglichkeit, seinen Mandanten nach seinem nächsten Verbrechen erneut zu verteidigen.

Aber wo es viel Schatten gibt, muss es auch Licht geben Und natürlich gibt es in Berlin auch zutiefst anständige Menschen. Als erstes fallen einem dabei die Prostituierten ein. Merkwürdig: egal, wie man diesen Berufsstand auch nennt – immer klingt es irgendwie anrüchig. Und das ist sehr ungerecht, denn diese Damen widmen sich immer einer guten Sache. So ein Bordell ist doch schließlich stets eine Stätte der menschlichen Begegnung.

Mein einziger Besuch in einer solchen Stätte der menschlichen Begegnung fand seltsamerweise statt, ohne dass ich es überhaupt bemerkt hätte. Das war allerdings nicht in Berlin, sondern in Afrika. Genauer gesagt in Tansania. Und noch genauer: in der Hauptstadt Dar es Salaam. Tansania war damals – genau wie seinerzeit auch ein Teil Deutschlands – ein sozialistischer Staat, das heißt, es gab dort weder Prostituierte noch Bordelle. Jedenfalls theoretisch.

Ich ahnte also nichts, als ich mit einem Kollegen in einem Toyota Landcruiser in das Zentrum von Dar es Salaam fuhr, um dort eine Diskothek zu besuchen. Sie wurde von einer Engländerin betrieben, die Margot hieß. Deswegen wurde der Laden einfach „Margot" genannt. Allerdings war die Lage des Etablissements einigermaßen merkwürdig. Diese Diskothek befand sich nämlich im zweiten Stock eines ganz normalen Wohngebäudes. Man musste also ein paar Stufen hinaufsteigen. Im schäbigen Flur standen einige Afrikanerinnen herum, sparsam bekleidet, um die neuen Besucher zu betrachten. Die wiederum waren ausnahmslos – und das ist sehr ungewöhnlich für Tansania – weiße Europäer.

Im „Margot" selbst flackerten ein paar bunte Lampen und es erklangen afrikanische Popsongs. Aktueller Tagesschlager war das Lied von einem Mann, der drohte, sich im Falle des Verlassenwerdens umzubringen. Das Lied trug den Titel „If you leave me I go die".

An einer Theke konnte man sich ein Bier bestellen, das den Namen „Safari Beer" trug. Bedenkt man, dass „Safari" auf Swahili so etwas wie „Jagd" heißt, ist das für ein Bier ein ziemlich verdächtiger Name.

Da mein Kollege sich noch mit dem Wirt unterhalten wollte, setzte ich mich an einen rustikalen Holztisch, ganz wie man es von einer modernen Diskothek gewohnt ist. Kaum hatte ich Platz genommen, kam eine junge, dunkelhäutige, minirockbewaffnete Schönheit auf mich zu, kokettierte mit ihren unübersehbaren Reizen und sagte dann im breitesten Englisch: „For money I would do everything!"

Ach, dachte ich, eine Strafverteidigerin. Doch ich hatte mich getäuscht. Sie war gar nicht so verkommen, wie ich zunächst dachte. Ich sagte, ich sei nicht von hier. Gut, die Antwort war blöd, aber wirkungsvoll. Da erschien mein Kollege mit einem älteren Herrn. So lernte ich Dieter kennen, einen Ingenieur aus Ost-Berlin. Im damaligen Tansania sozialistischer Prägung kam er schon seit Jahrzehnten öfter mal auf Montage hierher.

Er erklärte uns, dies sei hier überhaupt keine richtige Diskothek, sondern vielmehr eine Stätte der menschlichen Begegnung. Auf der gleichen Etage gab es nämlich einen angeschlossenen Hotelbetrieb. Ganz ohne Zweifel, das „Margot" war ein Bordell. So etwas, betonte Dieter, gäbe es in Ost-Berlin selbstverständlich nicht.

Jedenfalls nicht im zweiten Stock. Da diese Stätte der menschlichen Begegnung auch Fenster besaß, endete unser Besuch relativ abrupt, als wir nämlich sahen, wie drei junge Kerle versuchten, unseren Toyota Landcruiser aufzubrechen. Ja, in diesem Etablissement war an alles gedacht worden.

Ich habe später übrigens erfahren: das „Margot" wurde damals tatsächlich weder als Hotel noch als Diskothek geführt. Und natürlich schon gar nicht als Bordell. Nein, im offiziellen Sprachgebrauch war es ein „Club der Völkerfreundschaft". Ein passender Name, oder?

24. SOUND

Nach der Beschreibung einer Diskothek, in die man hinaufsteigen musste, folgt nun die Beschreibung einer Diskothek, in die man hinabsteigen musste. Und das in jeder Hinsicht. Es ist aber erstmal an der Zeit, Ihnen meinen besten Freund vorzustellen: Hartmut, ein wahres Multifunktionstalent. Er ist Computerfachmann, versierter Schlagzeuger und professioneller Bergsteiger. Als Bergsteiger ist er besonders sorgsam und genau. Für die Besteigung der Wildspitze im österreichischen Pitztal dauert allein die Vorbereitung bisher schon über 25 Jahre. Täglich warte ich am Telefon auf den erlösenden Anruf: „Jetzt geht's los!"

Ihm verdanke ich die aufregendste und spannendste Exkursion meines Lebens, als wir nämlich an einem Dienstagabend im Jahr 1988 in der Genthiner Straße 26 die damals bekannteste und berüchtigtste Diskothek der Stadt wissenschaftlich erforschen konnten. Das „Sound".

„Sound" ist Englisch und bedeutet „Geräusch". Das umschreibt ziemlich genau das, was einen dort erwartete. Nachdem man den üblichen Eintritt bezahlt hatte, bekam man allerdings nicht etwa eine Eintrittskarte in die Hand gedrückt, sondern auf den Handrücken einen Stempel. Den konnte man aber gar nicht sehen, denn er bestand aus einer Substanz, die nur unter Schwarzlicht erkennbar wurde. Ich bin mir zwar nicht sicher, aber es könnte durchaus sein, dass ich ihn heute noch besitze. Nun musste man einige Treppen hinuntersteigen, bis man in einem kellerartigen Raum ankam, der ebenso unübersichtlich wie laut war.

Hier sah man einige menschenähnliche Wesen undefinierbaren Geschlechts, die zu dröhnender Musik tanzten. Um sich nicht gegenseitig zu erschrecken, wurden durch Nebelkanonen einige Rauchschwaden durch den Raum verteilt. So waren alle zum Glück nur als schemenhafte Umrisse zu sehen. Auf Wandmonitoren konnte man die diversen Plattenhüllen der Musik erkennen, die gespielt wurde. Das interessierte zwar niemanden, aber es wirkte sehr modern. Eines war allerdings merkwürdig. Es gab hier keine Kinder, obwohl stets behauptet wurde, die vom Bahnhof Zoo wären gelegentlich hier. Die Musik, die gerade lief, war das Lied „Aces High" von der Band „Iron Maiden". Das ist auch Englisch und heißt „eiserne Jungfrau". Aber die schien es hier auch nicht zu geben.

Stattdessen gab es so etwas wie einen Plattenaufleger, der uns trotz des Lärms ansprach. Ich muss vielleicht erwähnen, dass Hartmut und ich uns damals für erfolgreiche Musiker hielten. Oder genauer gesagt: wir hielten uns erfolgreich für Musiker. Das taten wir wohl irgendwie kund und er fragte uns, ob wir nicht eine Schallplatte machen wollten. Er würde sich demnächst bei uns melden. Wir warten bis heute.

Eine Möglichkeit, die zahlreichen Drogen auszuprobieren, lehnten wir dankend ab. Und dann geschah das Unerwartete. Wir verließen nämlich das SOUND und nur drei Tage später schloss es seine Pforten für immer. Sämtliche Wiederbelebungsmaßnahmen blieben erfolglos. So hatten wir gerade noch eines der legendärsten Tanzbiotope der Stadt untersuchen können. Das nennt man wohl Forscherglück!

25. Die Band

Wer in Berlin musikalisch etwas erreichen will, muss früh anfangen und am besten erst einmal eine Band gründen. Das taten Hartmut und ich auch. Unser Ziel war relativ klar: wir wollten einfach nur die bekannteste Band der Welt werden. Zuerst brauchten wir einen passenden Namen, der auch unseren musikalischen Interessen entsprechen sollte. So nannten wir uns „Banded Iron Formation". Da es sich um einen geologischen Fachausdruck handelte, konnten wir uns sicher sein, dass er noch nie in diesem Sinne verwendet wurde. Zumal er einen geologischen Sachverhalt umschreibt, den wir selbst kaum verstanden hatten.

Ich spielte Gitarre und Hartmut Schlagzeug. Da er aber überraschenderweise gar keines besaß, kaufte er sich eines und baute es zum Üben im elterlichen Heim auf. Das war allerdings keine so gute Idee, wie der wütende Protest sämtlicher Nachbarn sofort eindrucksvoll dokumentierte. Also gingen wir in den Keller. Der war nass und kalt, ein idealer Ort für unsere Musik. Zuerst legten wir den Raum trocken und kleideten die Wände mit transparenten Folien aus, um den Schimmelbefall der kostbaren Instrumente wenigstens in Grenzen zu halten. Für die akustische Isolation wurden die Wände mit Eierkartons beklebt, was auf die Schallwellen allerdings keinen erkennbaren Einfluss hatte. Aber es sah gut aus.

Das Fenster wurde mit einem schweren Teppich behangen. Da es ja nun ganz dunkel war, installierten wir einfach ein paar bunte Lampen. Jeder, der sich mit Musik auskennt, weiß schließlich, dass es auch immer sehr auf die richtige Atmosphäre ankommt. Nun war die Band komplett. Alles, was jetzt noch fehlte, war eine weitere Gitarre, Bass und Gesang.

Aber wir probierten es zunächst allein. Hartmuts Spielweise, stets zwischen „schnell" und „sehr schnell" die Rhythmen kontinuierlich zu verändern, war für mich als Gitarrist eine ungeahnte Herausforderung. Ich merkte rasch, dass wir ganz dringend einen Bass brauchten. Genauer gesagt, eine Person, die einen solchen professionell bedienen konnte. Also gaben wir in einem Stadtmagazin eine entsprechende Annonce auf. Doch es meldete sich niemand. Vielleicht hätten wir doch nicht – so wörtlich – eine „leckere Bassistin" suchen sollen. So etwas gab es in Berlin offenbar nicht.

Immerhin fanden wir in Hermann, einem weiteren Studenten, musikalische Unterstützung. Leider verstarb Hermann kurze Zeit später, weil er beim Drachenfliegen in der Adria abstürzte. Das war zwar gut für das ohnehin schlechte Image der Band, aber musikalisch ein recht herber Rückschlag. So endete die Geschichte von „Banded Iron Formation", wie sie nur kurz zuvor begonnen hatte: völlig unbemerkt von der Öffentlichkeit.

Damit hält Berlin einen weiteren interessanten Rekord: hier gab es mal die unbekannteste Band der Welt. Es existieren ein paar Tonbandaufnahmen, die aber glücklicherweise dauerhaft unter Verschluß geblieben sind. Immerhin gab es ein paar Ohrenzeugen. Deren Urteile schwankten zwischen „gewöhnungsbedürftig", „nicht uninteressant" und „War's das schon?"

Ich will es mal freundlich formulieren: wir waren unserer Zeit sehr weit voraus. Selbst nach heutigen Maßstäben.

26. Murphys Gesetz

Wer weder Rechtwissenschaften noch Naturwissenschaften studiert hat, kommt bekanntlich trotzdem gut durch das tägliche Leben in Berlin, auch ohne das Wissen von irgendwelchen Gesetzen. An einem Gesetz aber kommt niemand vorbei: an Murphys Gesetz.

Obwohl Murphys Gesetz besagt, dass alles, was schief gehen kann, auch schief gehen wird, stammt dieses Gesetz dennoch nicht aus Berlin. Das ist sehr irritierend, scheint doch Berlin symbolisch dafür zu stehen, dass alles, was schief gehen kann, auch schief gehen wird. Natürlich gibt es immer noch unbelehrbare Optimisten, die behaupten, Murphys Gesetz gäbe es überhaupt nicht. Also jene Zweifler, die an einem schönen Sommertag das Haus ohne Regenschirm verlassen, nur um auf diese Weise den größten Wolkenbruch seit 1992 zu verursachen.

Es erschien mir also sinnvoll und nützlich, endlich wissenschaftlich zu beweisen, dass Murphys Gesetz wirklich existiert. Es gibt glücklicherweise in Berlin eine Institution, die geradezu ideal geeignet ist, zu beweisen, dass alles, was schief gehen kann, auch schief gehen wird: der öffentliche Nahverkehr.

Mein Versuchsaufbau war relativ einfach. Verließ ich morgens meine Wohnung, brauchte ich gut eine halbe Minute zu einem U-Bahnhof, auf dem laut Fahrplan alle fünf Minuten ein Zug fuhr. Auf der Treppe herab zum Bahnsteig gab es nun drei Möglichkeiten.

Erstens: beim Betreten des Bahnhofs kam die U-Bahn an, ich stieg ein und fuhr los. Der Fall trat zwar praktisch nie ein, war aber immerhin theoretisch denkbar. Die zweite Möglichkeit war, dass ich beim Betreten des Bahnhofs den Windzug der wegfahrenden U-Bahn vernahm. Ein Geräusch, das so klang wie „ich bin Murphy". Das passierte praktisch jeden Tag und ich musste jedesmal fünf Minuten auf den nächsten Zug warten. Die dritte Möglichkeit war, dass meine Wartezeit irgendwas zwischen null Sekunden und fünf Minuten betrug.

Wenn Murphys Gesetz nicht existiert, sollte statistisch diese Wartezeit sich im Laufe der Zeit auf genau die Hälfte – also auf genau zweieinhalb Minuten – einpendeln. Wenn Murphys Gesetz jedoch besteht, und davon ging ich aus, dann müsste dieser statistische Wert viel höher sein.

Ich wagte also einen heroischen Selbstversuch, kaufte mir eine Stoppuhr und begann mein Experiment. Schon am ersten Tag fuhr mir erwartungsgemäß die U-Bahn direkt vor der Nase weg. Am zweiten Tag passierte jedoch etwas sehr Seltsames. Nach handgestoppten 7,8 Sekunden fuhr eine U-Bahn im Bahnhof ein. Gut, sie trug die Aufschrift „Betriebsfahrt" und fuhr einfach durch, aber immerhin.

Ein halbes Jahr lang sammelte ich nun die allmorgendlichen Wartezeiten und hatte nach 132 Arbeitstagen eine Gesamtwartezeit von 330 Minuten errechnet. Das hörte sich schon mal nach schön viel an. Statistiker werden einwenden, dass die Datensammlung zu gering ist, aber so genau wollte ich es ja nicht wissen. Beim Errechnen des Mittelwertes gab es jedoch eine herbe Überraschung: durchschnittlich wartete ich jeden Tag genau zweieinhalb Minuten, also exakt jene Zahl, die zu erwarten war, wenn Murphys Gesetz nicht existiert.

Man muss sich einmal klar machen, was das bedeutet. Ich hatte versucht, Murphys Gesetz zu beweisen, ich wollte beweisen, dass alles, was schief gehen kann, auch schief gehen wird. Und was war passiert? Mein Versuch ging schief. Das kann einem aber auch nur in Berlin passieren.

27. Das kürzeste Kapitel

Das kürzeste Kapitel ist dem Berliner gewidmet, der die längste Comedy-Sendung im deutschen Fernsehen hatte: Karl-Eduard von Schnitzler, der Chefkommentator des DDR-Fernsehens. Angeblich hat sich ja nie irgendjemand seine Sendung „Der schwarze Kanal" angesehen, weil es sich ohnehin nur um eine Anhäufung von propagandistischen Lügen und polemischen Hetztiraden handeln würde. Und wenn, dann nur, weil Ausschnitte aus dem Westfernsehen gezeigt wurden und so ganz unverdächtig angeschaut werden durften. Anderen gilt er als Miterfinder des unfreiwilligen Humors.

Aber das ist nur die eine Seite. Der Mann hatte durchaus etwas zu sagen. Zum Beispiel, als er Ende 1976 eine exorzistische Teufelsaustreibung anprangerte, bei der – in der damaligen Bundesrepublik – eine 23jährige Studentin zu Tode kam. So etwas gab es in der DDR nicht.

Nach dem Mauerfall schrieb er ein Buch mit dem Titel „Der rote Kanal". Seine Selbstbeschreibung darin fällt eher bescheiden aus: „Meine Lernfähigkeit hebt mich deutlich vom Großbürgertum ab. [...] Daß ich belesen bin und davon ein gutes Deutsch ableite, habe ich mit Klassikern wie einfachen Genossen gemein."

Und das wendet er im Buch auch gleich eindrucksvoll an: „Im übrigen gilt für Bonn Schillers ‚Zauberlehrling': ‚Die ich rief, die Geister, werd' ich nun nicht los!'"

Wirklich sehr schön. Schade nur, dass Schillers ‚Zauberlehrling' eigentlich von Goethe ist. Ja, der Karl-Eduard, eben eine schillernde Persönlichkeit.

28. Der Mauerfall

„Nun, in fünfzig Jahren wird Berlin längst wieder die Hauptstadt eines ungeteilten Deutschlands sein und eine der Hauptstädte Europas und wird wahrscheinlich vor Bevölkerungszuwachs bersten."
Sebastian Haffner (1962) in: magnum, 41.

Für mich als geborenen Stuttgarter, der schon so viele Jahre in Berlin gelebt hatte, war der 9. November 1989 ein unglaublicher Tag. Die historischen Ereignisse an jenem Abend waren so unfassbar – wenn mir jemand gesagt hätte, dass ich diese unvorstellbaren Vorgänge noch persönlich erleben würde: ich hätte es nicht geglaubt. Aber es ist eine unzweifelhafte Tatsache und war noch am selben Abend in den Nachrichten zu hören: am 9. November 1989 besiegte der VfB Stuttgart den großen FC Bayern München mit 3:0. Ja, es war wirklich ein unglaublicher Tag.

Am 9. November 1989 fiel die Berliner Mauer übrigens nicht. Ganz im Gegenteil, am nächsten Tag stand sie noch immer da. Am 10. November fuhr ich daher von wissenschaftlicher Neugier getrieben morgens zum Grenzübergang Chausseestraße, an dem ich seit Jahren nach Ost-Berlin eingereist war, und erlebte hier ein seltsames Naturschauspiel.

Tausende von Trabbis und Wartburgs zwängten sich durch den engen Kontrollpunkt, um nun endlich auch bei uns in Freiheit die Luft zu verpesten. Jeder Wagen wurde daher von den begeisterten Zuschauern durch symbolisches Klopfen auf das Dach freundlich begrüßt. Ein Trabbi-Fahrer hielt an und rief uns zu: „Nicht so doll, das hält das Dach nicht aus!"

Ich gab sogar einem ungarischen Reporter ein Interview, meine erste und bislang letzte Zusammenarbeit mit einer ungarischen Zeitung.

Noch am selben Nachmittag fuhr ich mit ein paar Geologie-Studenten zum Grenzübergang Invalidenstraße, um dort den ungewöhnlichen Trabanten-Tsunami zu beobachten. Als guter Geologe hatte ich natürlich Hammer und Probentüten dabei und so entnahm ich für spätere Untersuchungen von der Mauer ein paar Gesteinsbrocken. Ich gebe zu, dass ich nun wirklich nicht der Erste war, der auf diese Idee kam. Aber ich war wenigstens der Erste mit rein wissenschaftlichem Interesse.

Allerdings kam sofort ein Volkspolizist auf mich zu und fragte mit energischer Stimme: „Warum hämmern Sie denn hier an der Mauer herum?" Er zeigte auf eine buntbemalte Fläche ein paar Meter weiter und fügte hinzu: „Da ist doch viel schöner!" Ich muss gestehen: ich habe stets den Anordnungen der Volkspolizei gefolgt, so auch diesmal. Und so verdanke ich ihm ein paar besonders schöne Belegexemplare vom antifaschistischen Schutzwall.

Noch am selben Abend wurde mir allerdings klar, dass die unüberlegte Öffnung der Mauer auch seine Kehrseite hatte. Ich konnte nämlich nicht mit der U-Bahn nach Hause fahren, weil der U-Bahnhof Leopoldplatz derart überfüllt war, dass der Zugverkehr zeitweise eingestellt werden musste.

Und am nächsten Tag fragte mich ein Ost-Berliner auf der vollkommen überlaufenden Potsdamer Chaussee, wie er denn am einfachsten zum Notaufnahmelager Marienfelde kommen könnte. Er traue „denen da oben" nicht. Ich hatte bis dahin gar nicht gewusst, dass Ost-Berliner so religiös eingestellt waren.

Wie konnte das alles nur geschehen? Wie war es möglich, dass eines der bestbewachten Bauwerke der Welt so rasch verschwinden konnte? Jürgen Kuczynski, der bedeutendste Wirtschaftswissenschaftler der DDR, meinte, es läge doch nur am feudalen Absolutismus. Das hab ich bis heute nicht verstanden. War denn die DDR eine Monarchie und der Staatsratsvorsitzende in Wirklichkeit ein Sonnenkönig? DDR c'est moi?

Über den Untergang der DDR haben bekanntlich alle sehr unterschiedliche Theorien entwickelt. Meist ist zu hören, die DDR hätte einfach zu viele Probleme gehabt.

Aber das stimmt nicht. Die DDR hatte vierzig Jahre lang überhaupt nur ein einziges Problem gehabt. Und dieses Problem war: die Bundesrepublik Deutschland. Tatsächlich war damals die DDR das einzige Land im Warschauer Pakt, das sich mit einem westlichen Vergleichsstaat mit der gleichen Sprache, der gleichen Kultur und der gleichen Geschichte herumärgern musste.

Den Westdeutschen war es dabei hervorragend gelungen, den Ostdeutschen einzureden, wonach das Wichtigste im Leben hemmungsloser Konsum sei, egal ob man die gekauften Dinge nun benötigte oder nicht. Aber zwischen der DDR und der Bundesrepublik gab es einen wesentlichen Unterschied. In der Bundesrepublik war alles immer viel teurer. Vielleicht riefen die Demonstranten in Leipzig deshalb ihr Motto: „Wir bleiben hier!" Und tatsächlich, wer erinnert sich nicht gerne an die Gaststätte Rübezahl am Müggelsee, wo es damals ein leckeres Ungarisches Gulasch für 2 Mark 40 gab? Dafür bekamen wir in West-Berlin nicht mal eine Kanne Kaffee.

Kritiker meinen, die Vereinigung der beiden deutschen Staaten sei noch Jahrzehnte später nicht wirklich abgeschlossen und sprechen sogar von „der Mauer in den Köpfen". Viele sagen, die Vereinigung dauert „länger als erwartet". Als Wissenschaftler sage ich an dieser Stelle immer gerne: „Dann stimmt eben etwas mit der Erwartungshaltung nicht."

Aber das ist ohnehin alles nur eine Legende. Meine Exkursionen durch Sachsen-Anhalt, Brandenburg und Thüringen haben mir bewiesen, dass bereits im Herbst 1991 in den neuen Bundesländern alles schon genauso teuer war wie im Westen. Wenn das mal keine gelungene Vereinigung ist!

29. Flair von Berlin

Den Berliner als solchen zu charakterisieren und zu beschreiben, um das herauszuarbeiten, was gemeinhin als urberlinerisch, als ganz typisch gilt, fällt in Berlin naturgemäß besonders schwer. Kein Wunder, verändert sich die Stadt und mit ihr die Bevölkerung durch die Jahrhunderte ständig. Vor allem der Zuzug von außen fügt der Ausstrahlung des Berliners immer wieder neue und ungeahnte Facetten zu. Man denke etwa an die übereilte Flucht der gut zwanzigtausend Hugenotten, die um 1685 aus Frankreich direkt nach Berlin kamen. Freiwillig wohlgemerkt! Oder die schlesischen Flüchtlinge, die nach 1945 in die Stadt kamen. Einige Zeit lang galt das Motto: der echte Berliner muss aus Breslau sein. Übrigens, schon deshalb konnte John F. Kennedy gar kein Berliner sein.

Spricht man nun in Berlin einen Passanten an, und es ist überraschenderweise kein Tourist, sondern jemand, der wirklich in der Stadt wohnt und arbeitet, so ist auch das noch keine Garantie, nun dem typisch berlinerischen Esprit zu begegnen. Schließlich könnte unser Passant seine Wurzeln ja auch ganz woanders haben, in der Türkei beispielsweise oder in Thailand. Oder in Vietnam. Oder gar in Brandenburg.

Erschwert wird die Suche auch dadurch, dass oft nicht zu entscheiden ist, ob bestimmte Eigenarten nun typisch für Berlin oder einfach nur typisch für eine Großstadt sind. So bemüht sich der Berliner stets, einen bleibenden Eindruck zu hinterlassen. Es muss ja nicht unbedingt ein guter sein. Betrachten wir etwa die überaus unterschiedliche Kommunikationsbereitschaft. So gibt es ausgesprochen wortkarge Beispiele. Man kann einen Berliner fragen: „Wissen Sie, wie man am schnellsten zum Adenauerplatz kommt?" und der Angesprochene antwortet dann einfach mit „Ja" und geht weiter.

Und dann wiederum gibt es Vertreter der Berliner Bevölkerung, die überaus gerne und viel reden, vor allem, wenn sie nichts zu sagen haben. In der Berliner S-Bahn wäre etwa folgende Szene denkbar. Ein älteres Ehepaar will sich unterhalten, der Dialog würde aber an ihren höchst unterschiedlichen Neigungen scheitern. Er stammt aus Spandau und interessiert sich nur für Fußball, sie ist eine Molekularbiologin aus Marzahn. Also finden sie den kleinsten gemeinsamen Nenner und kommentieren einfach die Ansagen im Zug. Erklingt aus den Lautsprechern etwa: „Nächster Bahnhof Bornholmer Straße, Übergang zur S-Bahnlinie 8", so ist das Gespräch gerettet. Er sagt: „Na, da sind wir also schon Bornholmer Straße" und die Gattin antwortet erleichtert: „Hier könnte man in die S 8 umsteigen."

Und doch gibt es in Berlin, scheu und zurückgezogen, eine Bevölkerungsgruppe, die durch viele Generationen hindurch tatsächlich die ur-berlinerischen Eigenarten bewahrt und bis heute unverfälscht weitergegeben hat. Es sind Menschen, die noch immer Vorbilder sein könnten für die Kunst einer Claire Waldoff oder eines Heinrich Zille. Gemeint sind die Berliner Taxifahrer.

Obwohl der öffentliche Nahverkehr in Berlin recht gut ausgebaut ist, gibt es dennoch, wenn auch ganz selten, den Fall, dass man auf das eigene Auto angewiesen ist. Oder, wenn man ein solches nicht besitzt, ein Taxi ruft. Aber wie gesagt, das ist nur sehr selten der Fall. Etwa, wenn sich das Ziel viele Kilometer von jedweder Bahn- oder Buslinie befindet. Oder wenn es gerade zwei Uhr morgens ist. Oder wenn es regnet, stürmt und schneit. Oder wenn man mal etwas Schweres zu transportieren hat. Oder wenn es einfach nur schnell gehen soll. Mit anderen Worten: ohne Taxis ist man in Berlin völlig aufgeschmissen.

Besonders beeindruckend ist die Geschwindigkeit der Berliner Taxifahrer. Stellen wir uns vor, wir stehen am Adenauerplatz, es ist zwei Uhr morgens und es regnet. Wir rufen einen Taxidienst an. Und genau in dem Augenblick, wo das Telefonat beendet ist, steht auch schon ein Taxi da. Der Fahrer lehnt sich salopp an den Wagen und bemüht den berüchtigten Mutterwitz des Berliners: „Na, soll ick hier denn bis Pfingsten warten?"

Wir wollen nach Friedrichshagen in die Bölschestraße, das ist am anderen Ende der Stadt. Der Fahrer weiß das und fährt los, und wir haben nun Gelegenheit, ihn näher zu betrachten.

Der Berliner Taxifahrer unterscheidet sich von seinen Kollegen in der ganzen Welt durch seine rasche Auffassungsgabe und seine überragende Intelligenz. Die Erklärung für dieses seltene Phänomen ist überraschend einfach. Viele Taxifahrer sind nämlich Studenten, die kurz vor ihrem Examen stehen, und sich nebenbei noch etwas Geld verdienen wollen. Die meisten anderen Taxifahrer dagegen haben bereits ihr Examen und sind arbeitslos. Leider braucht man auch in Berlin nicht Tausende von Ägyptologen und Philosophen. Und so machen viele aus der Not eine Tugend und bleiben Taxifahrer. Das ist vermutlich eine Tradition, die in dieser Zunft historisch weit zurückreicht. Es würde jedenfalls erklären, warum sie sich untereinander Kutscher nennen.

Der Vorteil für den Fahrgast besteht darin, dass man sich angesichts des erstaunlichen intellektuellen Niveaus mit einem Berliner Taxifahrer über praktisch alles unterhalten kann. Egal, ob es um die Heisenberg'sche Unschärferelation geht, um die Ursachen der Punischen Kriege oder um das Prinzip der Erlösung im Lebenswerk von Arthur Schopenhauer – der Taxifahrer kennt sich aus und kann zu allem etwas sagen. Nichts wird ihn in Verlegenheit bringen.

Leider hat es die Taxi-Innung in Berlin bis heute versäumt, daraus Kapital zu schlagen. So wie Taxis früher in „Raucher" und „Nichtraucher" unterteilt wurden, könnte man doch den gesamten Fuhrpark nach wissenschaftlichen Disziplinen kennzeichnen. Wie einfach und nützlich wäre es doch, kleine Schilder an den Fahrzeugen anzubringen, auf denen stehen könnte: „Hier fährt Sie ein Physiker".

Wenn man in einem Taxi von einem älteren Herrn gefahren wird, kann es zwar sein, dass es sich um einen Rentner handelt, der seine Einkünfte etwas aufbessern will. Es könnte aber auch sein, dass es ein pensionierter Universitäts-Professor ist, der einfach nur die Erinnerung an seine goldene Studentenzeit vor einem halben Jahrhundert wachhalten will. Aber diese an sich erfreuliche Situation hat auch ihre Schattenseiten. So gibt es Fahrer, denen es peinlich ist, dass sie einen Beruf ausüben müssen, für den sie eigentlich hoffnungslos überqualifiziert sind. Man erkennt sie gewöhnlich daran, dass sie gekonnt ihre akademische Herkunft verleugnen.

So kann es vorkommen, dass man in ein Taxi steigt und begrüßt wird mit einem fröhlichen „Na, Keule, wo sollet denn hinjehn?" Trotz seiner eher derben Ausdrucksweise kann es sich bei dem Mann dennoch um einen promovierten Germanisten handeln. Oder um einen diplomierten Kommunikationswissenschaftler.

Ein Taxifahrer in Berlin kennt sich bestens aus. Jede noch so kleine Gasse ist ihm vertraut. Er weiß daher immer sofort, welche Strecke er fahren muss. Selbst wenn er dafür gezwungen sein sollte, in einem Straßenatlas nachzuschauen. Der Berliner Taxifahrer ist grundsätzlich ehrlich. Er nimmt stets den kürzesten Weg, vermeidet Umwege und bevorzugt Abkürzungen. Das behauptet er jedenfalls. Wir können es leider nicht überprüfen, denn es ist ja dunkel und es regnet.

Interessanterweise werden wir auch bei der nächtlichen Fahrt noch auf uns bislang völlig unbekannte Sehenswürdigkeiten der Stadt hingewiesen, denn der Fahrer kennt hier alle Kneipen und Bordelle.

Beeindruckend ist auch die Fähigkeit der Berliner Taxifahrer, eine eigene Kunstsprache entwickelt zu haben. Wenn ein Fahrer etwa sagt, dass er unterwegs zum Schuster sei, so meint er damit nicht, dass er sich seine Stiefel neu besohlen lassen will, sondern lediglich, dass er auf dem Weg zum Kurt-Schumacher-Platz ist. Die Ecke zwischen Konstanzer Straße und Brandenburgische Straße heißt bei ihnen kurz und knapp Kobra. Ob die Taxifahrer früher im östlichen Teil der Stadt ebenso schöpferisch waren? Wer weiß, wie sie damals die Verbindung zwischen Stalinallee und Singerstraße genannt haben?

Manchmal werden unsere anregenden Diskussionen über die Ursachen der Punischen Kriege unterbrochen, wenn sich nämlich unerwartet das Funkgerät meldet, und die Zentrale oder ein Kollege dran ist. Wenn man ganz genau hinhört, meint man Geräusche zu vernehmen, die entfernt an eine menschliche Stimme erinnern. Aber Taxifahrer haben sich über die Jahre an die verrauschten Klänge so gewöhnt, dass sie alles ganz genau verstehen. Manche Kritiker glauben allerdings, dass hier auf geheime Weise Informationen ausgetauscht werden, zum Beispiel wo gerade besonders lange Staus sind, um den Fahrpreis in die Höhe zu treiben. Aber das ist nur ein übles Gerücht.

Das feine und sensible Gehör, das sich Taxifahrer dabei angeeignet haben, führte dazu, dass sie auch ein ungewöhnliches Gespür für Musikalität entwickeln konnten. So ist ein Berliner Taxifahrer zum Beispiel in der Lage, schon nach wenigen Takten zu unterscheiden, ob es sich bei dem Stück im Radio um den dritten Satz der Klaviersonate in A-Dur von Wolfgang Amadeus Mozart handelt, oder um irgendetwas von Metallica. Eine beeindruckende Leistung.

Und schon sind wir am Ziel. Wir bezahlen den gewünschten Fahrpreis und erhalten eine Quittung. Wahrscheinlich als Souvenir an die denkwürdige Fahrt. Wenn wir Glück haben, dann hat unser Taxifahrer in seinem früheren Leben mal Höhere Mathematik studiert. Dann kann er uns im Kopf, also ohne technische Hilfsmittel, ausrechnen, dass wir für den gleichen Betrag mit der S-Bahn dieselbe Strecke 23 Mal hätten hin und her fahren können.

Wir geben ihm beglückt noch ein ordentliches Trinkgeld, und können selbst ausrechnen, dass wir nunmehr die Strecke sogar 25 Mal hätten fahren können. Aber mit wem hätten wir uns dann über die Punischen Kriege unterhalten sollen?

30. Die dunklen Seiten von Berlin

Bei einem Kapitel dieses Namens ließe sich leicht denken, hier würde das berühmte Nachtleben von Berlin vorgestellt. Tatsächlich spielt sich dieses zwar überwiegend im Dunklen ab, ist aber gleichzeitig so erhellend, dass schon alles darüber geschrieben, gedacht, gesungen oder gesagt wurde. Es ist daher völlig überflüssig, hier all die Missverständnisse und Irrtümer zu wiederholen. Es geht überraschenderweise auch nicht um Politik oder andere Großstadtkriminalität. Nein, es geht tatsächlich um die tiefen und dunklen Abgründe der Berliner Seele. Die Berliner haben nämlich ein Problem.

Man meint stets, sie seien offen und sagen immer das, was sie denken. Doch in Wahrheit sagen sie nur das, was alle glauben sollen, dass sie es denken. Tatsächlich führen sie, was ihre Meinungen angeht, ein eher verborgenes Leben, passen sich den vermeintlichen Gegebenheiten an. Was sie wirklich denken, bleibt unklar. Stellen wir uns beispielsweise eine gesellschaftspolitische Diskussion vor. Da führten wir zum Beispiel hier in Mitteleuropa seit Menschengedenken ein Leben in einer Gesellschaft, die von religiösen Grundwerten geprägt war, mit festen Ritualen und moralischen Tugenden. Man hätte sich kaum vorstellen können, dass sich daran irgendwann etwas ändern könnte. Und dann kam da plötzlich aus dem Vorderen Orient eine hochaggressive Religion mit sonderbaren Symbolen und uns ganz unbekannten Wertvorstellungen, die sich hier breit machte und unser ganzes Leben verändern, unsere angestammte Religion und Kultur verdrängen wollte. Das wurde natürlich als Bedrohung empfunden.

Ja, so war das damals, als das Christentum nach Europa kam! Unvorstellbar, dass die alten Germanen freiwillig den Sohn eines orientalischen Zimmermanns angebetet und eine Kirche im Ort erbaut hätten, die einen nach durchzechter Nacht früh morgens um 12 Uhr aus dem Schlaf klingelt. Im Namen des neuen Gottes sollten sogar Kreuzzüge geführt werden, um irgendeine vorder-asiatische Hauptstadt zu befreien. Die Berliner beteiligten sich daran jedoch nicht. Schon deshalb, weil es Berlin damals noch gar nicht gab. Allerdings, eine fremd-besetzte Hauptstadt zu befreien ist ja ihre Sache ohnehin nicht. Und so tun die Berliner bis heute, als wenn sie das christliche Weihnachtsfest feiern, beten aber mit dem Weihnachtsbaum immer noch ein heidnisches Symbol an. Eine Stelle in der Bibel, die Menschen weltweit beeindruckt, ist jene, als Jesus drei Tage nach der Kreuzigung von den Toten aufersteht. Die Berliner beeindruckt das allerdings nicht, das kennen sie schließlich aus jeder Ausnüchterungszelle. Mit schrecklichen Wahrheiten gehen sie eher ambivalent um. Denken wir nur an aktuelle Menschheits-fragen. Da sehen die Berliner im Fernsehen eine Dokumentation über abgemagerte und hungernde Menschen, nur armselig be-kleidet, ohne Perspektive, ein trauriger Anblick des Jammers. Doch was tun die Berliner: sie lachen herzlich. Vielleicht liegt es daran, dass dabei nicht die Situation in Äthiopien gezeigt wird, sondern eine Modenschau in Paris.

Wenn die Berliner also ein derartiges Doppelleben führen, so ist verständlich, dass ihre zarte Seele schwere Schäden davontragen kann. Kein Wunder also, dass gerade in Berlin unzählige Selbst-hilfegruppen und Institutionen existieren, wo sich Menschen in problematischen Situationen ganz anonym beraten lassen kön-nen. Die berühmteste anonyme Selbsthilfegruppe kürzt sich mit den Buchstaben „AA" ab. Sie wissen schon, die „Arbeitslosen Akademiker".

Aber es gibt hier auch Menschen, die ganz durch das soziale Netz gefallen sind, die vollständig aus der sozialen Gemeinschaft ausgestoßen und ganz unten angekommen sind, sich ungeliebt und unverstanden fühlen. Ja, auch für sie gibt es eine Gruppe, die gehen einfach zur FDP. Gewählt wird die Partei allerdings trotz-dem nicht. Das ist natürlich ungerecht. Und das ist sie wohl, die eigentlich dunkle Seite von Berlin: wenn schon ungerecht, dann aber auch richtig.

31. Hitparade

Berlin hat bekanntlich viel Kultur zu bieten, jedenfalls für den, der es mag. Vieles davon ist leider allzu vergänglich, etwa die Lieder eines Straßenmusikanten oder die Aufführungen der Philharmonie. Oder die alljährlichen Sommerkonzerte in der Waldbühne, die merkwürdigerweise seit Jahren stattfinden, ohne dass es jemals in Strömen geregnet hätte. Spricht immerhin für den Regengott. Er hätte die Händel'sche Wassermusik ja irgendwie symbolisch unterstützen können.

Das wichtigste Kulturereignis in Berlin war jedoch fast zwei Jahrzehnte lang die sogenannte Hitparade im Fernsehen. Ein überaus schnell sprechender Moderator führte in einem großen Saal, der den Charme einer leeren Markthalle hatte, jeden Monat zahlreiche Musiktitel und Interpreten vor, die sich in dieser peinlichen Sendung der allgemeinen Öffentlichkeit bloßstellten. Die Hauptaufgabe des schnell sprechenden Moderators bestand darin, festzustellen, dass ein Interpret nach dem dritten Auftritt nicht mehr wiedergewählt werden durfte.

Da applaudierten alle begeistert, denn das Lied wollte ohnehin niemand mehr hören und die meisten Zuschauer waren froh, dass der unerträgliche Sänger mit seinem schunkeligen Hoppsassalied nun endlich aus der Wertung war. Es waren übrigens immer sehr arme Sänger, denn junge Mädchen schenkten ihnen vermutlich zum Trost ein paar Blumen. Außerdem waren ihre Adressen eingeblendet, manche von diesen Sängern wohnten offenbar in einem Postfach in Köln, die armen Kerle!

Noch wichtiger als diese zweifelhaften Aufführungen – die glücklicherweise nur ein paar Minuten heftigen Mitklatschens in Anspruch nahmen – waren die Gespräche, die der schnell sprechende Moderator anschließend mit den erfolgreichen Sängern führte. Zum Beispiel sagte er zu einem Sänger mit dem Nummer-Eins-Hit, er sei ja nun ein wahnsinnig wichtiger Künstler.

Ich war damals nicht nur zwölf Jahre alt, sondern auch außerordentlich überrascht. Ach, der singt nicht nur in dieser leeren

Markthalle irgendwelchen Blödsinn in der Hitparade, nein der ist hauptberuflich ein wahnsinnig wichtiger Künstler, wer hätte das gedacht? Dachte ich jedenfalls.

Ob er wohl irgendwas malen kann, schöne Gedichte oder sogar Romane schreibt oder aus hartem Marmor bedeutende Skulpturen heraus hämmert? Immerhin: recht spannende Fragen für einen zwölfjährigen Fernsehzuschauer. Nein, er konnte bedauerlicherweise nur sein Hoppsassalied singen. Mehr leider nicht. Das aber wenigstens so richtig schlecht. Das war eben seine Kunst. Seit damals habe ich ein etwas gespaltenes Verhältnis zu deutschen Schlagern. Und zu leeren Markthallen.

32. Essen und Trinken in Berlin: eine empirische Studie zur Ernährungsgrundlage der Metropole

Wie alle Lebewesen auf dieser Welt, so müssen auch die Berliner gelegentlich etwas Nahrung zu sich nehmen. Die leider sehr geringe Sorgfalt, die sie dabei an den Tag legen, lässt erahnen, dass ihnen dieser notwendige Vorgang als unangenehme Zeitverschwendung erscheint. Könnte man in dieser Zeit doch andere nützliche Dinge tun, wie ins Kino gehen oder schlafen. Bereits im zarten Kindesalter deutet der Großstädter sein ausgeprägtes Desinteresse an der Nahrungsaufnahme an: Kinder nehmen hier fast ausschließlich Wassereis mit künstlichen Farbstoffen zu sich und ergänzen diese ausgewogene Ernährung durch Zugabe von proteinreichen Kartoffelchips und vitaminhaltigem Naschwerk.

Bereits am Morgen, beim spartanischen Frühstück, dokumentiert der Berliner dieses ungesunde Verhaltensmuster. Er trinkt bestenfalls etwas Kaffee oder eine halbe Tasse Tee. Jedenfalls irgendetwas ohne Alkohol. Höchstens eine kleine Flasche Sekt, meist unter dem Vorwand, sie sei nötig, um den Kreislauf in Gang zu bringen. Überflüssig zu erwähnen, dass Kreislaufprobleme zum Alltag der Berliner zählen. Vor allem morgens. Zu wirklich geistigen Getränken, etwa einer Flasche Bier, greift der Berliner erst zu fortgeschrittener Tageszeit, so ab zehn Uhr vormittags. Berlin war schon immer eine sehr trinkfreudige Stadt. Die Tradition der Bierbrauereien ist hier entsprechend sehr alt. Das merkt man leider auch am Geschmack. Aber wie der Berliner mit dem ihm eigenen Humor sagt: es schmeckt nicht, aber es wirkt.

Es gibt in Berlin jedoch ein urtypisches Getränk, welches immer sofort mit der Stadt in Verbindung gebracht wird: und zwar die berühmte „Berliner Weiße". Sie trägt diesen Namen, weil sie ursprünglich aus Haldensleben stammt und in einer roten und einer grünen Variante angeboten wird. Zu der trüben Flüssigkeit müssen nämlich vor dem Verzehr unbedingt ein paar Löffel mit künstlichem Sirup hinzugefügt werden, da sie sonst wie Abwaschwasser schmeckt. Das hat jedenfalls ein im wahrsten Sinne des Wortes einmaliger Versuch ergeben.

Nimmt man das Getränk in der roten Version zu sich, dann sollte es eigentlich irgendwie nach Himbeere schmecken. Aber die Berliner bevorzugen ohnehin die grüne Variante. Nicht etwa, weil diese Wahl als politisches Bekenntnis verstanden werden soll. Nein, der hier verwendete Sirup besteht aus Waldmeister, und nur diese seltene Pflanze aus der Gruppe der Labkräuter enthält das gesundheitsgefährdende Cumarin.

Leider kann in Berlin aus klimatischen Gründen kein schmackhafter Wein im großen Stil angebaut werden, weder am Teufelsberg noch an den Müggelbergen. Wie neuste Klimastudien belegen, wäre das vor ein paar Millionen Jahren noch möglich gewesen. Es ist wirklich schade, dass die Kunst des Weinanbaus in Berlin nicht gepflegt werden kann, denn was für schöne Namen, je nach Anbaugebiet, wären vorstellbar gewesen, etwa ein „Château de la Moabit". Oder ein „Kreuzberger Fiesling". Oder wie gerne hätten wir einen Besucher begrüßt mit einem herben Köpenicker Landwein. Aufgrund des Fehlens lokaler Weine erwerben die Berliner in Supermärkten billige französische, spanische oder italienische Rotweine. Jedenfalls irgendetwas fremdsprachiges.

Beim Essen bevorzugen die Berliner grob gesprochen nur zwei Richtungen: die einheimische und die fremdländische Küche. Trotz der ausgesprochenen Abneigung gegen das Kochen haben sie überraschenderweise wenigstens eine typische Berliner Spezialität entwickeln können: Eisbein mit Sauerkraut. Um dieses Gericht beneiden uns alle Völker der Welt. Jedenfalls bis sie es selbst einmal probiert haben. Handelt es sich dabei doch um ein völlig überfettetes Stück Fleisch einer offenbar bisher unbekannten Tierart. Vermutlich aus der Familie der Schweine. Neben dem üblichen Sauerkraut enthält das Gericht zusätzlich ein paar lieblos geschälte Kartoffeln, die mit einer farblich wenig ansprechenden Soße übergossen sind.

Als Beweis dafür, dass es sich hierbei nicht um irgendein Kunstprodukt handelt, wird die unförmige Fleischmasse um einen echten Tierknochen gewickelt. Beobachtet man den Berliner aufmerksam beim Verzehr dieser zweifelhaften Delikatesse, so fällt auf, dass er dabei gerne ein Glas Bier und ein paar klare Schnäpse trinkt. Ein sicheres Zeichen dafür, dass der Genuss dieser Speise offenbar nur im Vollrausch zu ertragen ist. Da die Berliner beim Essen durchaus auch auf ihre Gesundheit achten, lieben sie die Currywurst. Sie wird gerne bei jedem Wetter an Wurstständen überall in der Stadt verkauft. Um dieses geradezu kultartig verehrte Nahrungsmittel käuflich zu erwerben, stellen sich selbst die an sich so ungeduldigen Berliner gern mal an eine lange Schlange hungriger Menschen an, bis sie schließlich nach etwa einer halben Stunde auf einem Pappkarton das leblose Stück Fleisch erhalten. Es ist üblicherweise mit einer roten Soße getarnt, die nach neuesten wissenschaftlichen Untersuchungen angeblich Spuren von Tomaten enthält, und auf die in großen Mengen Currypulver gestreut wird. Die intensive Verwendung von Curry hat einen ganz praktischen Grund, es soll nur davon ablenken, dass die Wurst an sich nach nichts schmeckt. Deswegen wird sie übrigens auch besonders heiß serviert, damit man sich nicht mit dem faden Geschmack beschäftigt, sondern mit den Brandwunden an der Zunge.

Beim Eisbein könnte eine sprachliche Ungenauigkeit auffallen, denn trotz des recht eindeutigen Namens wird es nicht kalt eingenommen. Solche Missverständnisse bei der Benennung von Lebensmitteln bereiten den Berlinern ein besonderes Vergnügen, man denke etwa an die Bouletten. Sie sind nach dem französischen Wort für Kugel, la Boule, benannt worden. Tatsächlich erinnern Berliner Bouletten in ihrer Form aber eher an abgeflachte Scheiben.

Eine tatsächliche Kugelform weisen hingegen die Königsberger Klopse auf. Dabei handelt es sich um handgeformte Fleischbällchen, die in Kapernsoße gelegt werden. Die Berliner verzehren sie besonders gerne, weil ihre chemische Zusammensetzung bislang noch unbekannt ist. Auch hier ist der Name nicht ganz richtig, denn das ostpreußische Städtchen Königsberg heißt schon seit vielen Jahrzehnten Kaliningrad. Da die Berliner im allgemeinen sehr politisch denkende Menschen sind, wurde bereits fälschlicherweise vermutet, dass mit der Beibehaltung des alten Namens der Anschluss von Ostpreußen an die Bundesrepublik Deutschland gefordert werden soll. So können sogar Fleischgerichte politische Irrtümer auslösen.

Neben dem Verzehr dieser einheimischen und vertraut anmutenden Gerichte ist der weltoffene Berliner aber auch in der Lage, fremdländische Restaurants aufzusuchen, in denen allerlei exotische Speisen angeboten werden. Zunächst bevorzugte er die Küche von solchen Ländern, die er aus dem Urlaub kannte. Man denke etwa an die vielen italienischen Restaurants in der Stadt. Natürlich wurden einige Gerichte, wie etwa die allgegenwärtige Pizza, dem preußischen Geschmack angepasst. Und zwar ohne Rücksicht auf Verluste. Kritiker bemängeln daher völlig zu recht, dass eine Pizza in Berlin nicht mehr viel mit einer Pizza aus Rom oder Catania gemein hat. Immerhin ist es gelungen, die Berliner davon abzuhalten, eine Pizza dem eigenen Brauchtum folgend mit Currywürsten zu belegen. Oder gar mit einem Eisbein.

Im Laufe der Zeit wurden die Berliner experimentierfreudiger und suchten auch Gaststätten auf, um die Küche von Ländern kennenzulernen, die sie normalerweise selbst nicht bereisen, also Länder wie Nordkorea, Vietnam oder Sachsen-Anhalt. Tatsächlich: ganz besonders beliebt sind seit einiger Zeit bei den Berlinern Speisen aus den erneuerten Bundesländern. So bestellen sie sich gerne mal in einem Gasthaus mit thüringischen Spezialitäten einen leckeren Mutzbraten, weil sie das irgendwie an die Kaliningrader Klopse erinnert.

Natürlich nicht, weil er so ähnlich schmecken würde. Nein, die Berliner haben auch in diesem Fall nicht die geringste Ahnung, was sie da gerade verspeisen. Aber schlimmer als Eisbein kann es ja schließlich nicht sein. Mahlzeit!

P.S.: Die essenden Berliner haben etwas gemeinsam: sie unterscheiden sich alle voneinander. Früher zählte man die Berliner generell zu den Allesfressern. Doch da es alles in Berlin gar nicht gibt, hat die gastronomische Evolution zahlreiche Nahrungsspezialisten in der Stadt hervorgebracht. Besonders lobenswert sind die Vegetarier. Ihr Respekt vor der Seele der Tiere verbietet ihnen deren Verspeisung.

Da Vegetarier aber nicht alleine vegetieren möchten, lassen sie diese moralisch einwandfreie Lebensweise auch ihren Haustieren angedeihen, zum Beispiel ihren Katzen. Statt diese mit frischem Huhn und Fisch zu quälen, bieten sie den kleinen Raubtieren trockene Dillröllchen, ein halbes Pfund Tomatenmark und klebrige Vitaminpaste an. Die Katzen leben dann zwar nicht länger, aber sie sterben wenigstens gesünder. Seit allerdings esoterische Kreise von der Seele der Pflanzen reden und Anthroposophen ähnliches für Gesteine, Mineralien und Kristalle vermuten, ist die Ernährungslage der Vegetarier vermutlich dünn geworden.

33. Erziehung, oder: das Leben geht weiter

Um das Leben in einer Großstadt wie Berlin einigermaßen unbeschadet zu überstehen, ist frühzeitige und vor allem richtige Erziehung von großer Bedeutung. Besonders unerfahrene Eltern sind oft überfordert. Zum Glück gibt es jedoch zahlreiche Zeitschriften und nützliche Ratgeber, damit die Beziehung zwischen Eltern und Kindern auch auf ehrlichem Vertrauen basiert. Bereits die Titel der Journale verweisen auf Schwerpunkte, etwa „Wie veräppele ich meine Eltern?" oder „Lügen ohne rot zu werden".

Da Kinder im Vorschulalter gewöhnlich noch nicht lesen können, müssen verantwortungsvolle Pädagogen in Kindertagesstätten die einzelnen Lektionen mit den Kindern durchnehmen, damit diese abends daheim das Gelernte spielerisch umsetzen können.

Kinder sind zunächst eher skeptisch, wenn sie in die Schule gehen sollen, gilt die Schule doch als Fortsetzung des Lebens mit anderen Mitteln. Und zwar mit ganz anderen Mitteln. Anders als zuhause müssen sie hier nämlich die Anweisungen von Respektspersonen befolgen, etwa vom Hausmeister oder vom Reinigungspersonal. Die Lehrer sind eigentlich nur dazu da, den Schülern jahrelang sinnloses Wissen zu vermitteln. Bestenfalls geben sie ein paar Hausaufgaben auf, und erwarten wie selbstverständlich, dass die Schüler sie dann auch selber machen lassen.

Lieblingsfächer der meisten Kinder sind Religion, Sport und Musik: Religion, weil sie dieses Fach früh abwählen können. Sport, weil hier unter dem Deckmantel pädagogischer Maßnahmen etwa beim Boxen oder im Ringkampf ganz unverhohlen Gewalt ausgelebt werden kann. Und Musik schließlich, weil man unter der Anleitung speziell ausgebildeter Musiklehrer ausgiebig diskutieren kann, zum Beispiel über die Frisuren der aktuellen Boygroups.

Auch wenn der Nachwuchs bereits in die Schule geht, können manche Eltern es einfach nicht lassen und mischen sich unentwegt in die Erziehung ihrer Kinder ein. Gewöhnlich machen sie dabei fast alles falsch. So sollten Eltern zum Beispiel darauf achten, ihre Kinder nicht zu früh mit Fremdwörtern zu überfordern. So hörte ich kürzlich eine Mutter zu ihrem achtjährigen Sohn sagen: „Dort werden wir mal exemplarisch ein paar Bücher requirieren". So geht das natürlich nicht, woher soll denn ein Knabe in diesem Alter wissen, was Bücher sind?

Hausaufgaben, Diktate, Zeugnisse – es ist sicher kein Wunder, dass der Leistungsdruck in den Schulen immer größer wird, viele sind sichtlich damit überfordert und benötigen psychologische Unterstützung. Und so gibt es an vielen Schulen inzwischen spezielle Psychologen, die versuchen, mit Rat und Tat zu helfen. Neuerdings werden sie sogar von den Schülern in Anspruch genommen.

Ob die Erziehung letztlich erfolgreich ist, hängt gerade in einer Großstadt auch von den familiären Verhältnissen ab. Im Prinzip gibt es hier für ein Kind nur zwei Möglichkeiten: entweder es gehört zu einer alleinerziehenden Mutter oder einem Vater. Oder es wächst in einer Familie auf. Im Normalfall ist die Erziehung unproblematisch, weil die Hierarchien klar sind.

Was aber, wenn das Kind in einer Familie aufwächst? Hier lernt der aufmerksame Nachwuchs, dass der Vater immer recht hat und die Mutter immer recht behält. Und übrigens auch das Geld, das der Vater auf ehrliche Weise in einer Spielbank verdient hat.

Irgendwann ist es unvermeidlich, und der Schulabschluss steht an. Natürlich wäre es wünschenswert, wenn alle Schulabgänger den gleichen hätten, dann hätten alle die gleiche Chance, erfolgreich arbeitslos zu werden. Denn wie heißt es doch so schön: Nicht für die Schule, sondern für den Lehrer lernen wir.

P.S.: Wenn man selbst keine Kinder hat, ist das Schreiben über Erziehung schon rein praktisch ziemlich theoretisch. Wenn ich ein Kind hätte, dann würde ich darauf achten, dass es bescheiden und stets freundlich ist, hilfsbereit, zuverlässig, zuvorkommend und respektvoll im Umgang mit seinen Mitmenschen ist. Anders gesagt: ich wäre wohl kein guter Vater.

34. Berlin: Viel Lärm um nichts!

Wenn die Berliner in den Urlaub fahren und diese erholsamste Zeit des Jahres irgendwo in einem kleinen Dorf in der Toskana oder auf einem Bauernhof in Niedersachsen verbringen, dann bemerken sie rasch, dass ihnen Lärm und Krach der Großstadt doch irgendwie fehlen. Nicht nur, dass ihnen die reine und gesunde Luft nicht bekommt, weil sie nicht die lebensnotwendigen Rußpartikel enthält. Nein, die trügerische Ruhe, die nur gelegentlich durch das leise Summen einer Mücke unterbrochen wird, ist geradezu unheimlich. Vor allem nachts, wenn der Berliner zu Bett geht, quält ihn die tödliche Stille. Das geht soweit, dass er sich schließlich völlig entnervt ein Radio oder Fernsehgerät anstellen muss, um wenigstens ein paar Stunden Schlaf zu genießen. Doch auch unter diesen Bedingungen ist die Nachtruhe aufgewühlt und immer wieder wacht der verzweifelte Urlauber auf, weil er die tosenden Geräusche vorbeirasender Feuerwehrautos und knatternder Motorräder vermisst. Erst in den frühen Morgenstunden entschwindet ihm dann erleichtert das Bewusstsein angesichts laut krähender Hähne und dem langsam einsetzenden Gebrüll der Vögel.

In einer Großstadt wie Berlin ist Lärm die allererste Bürgerpflicht. Schon im frühesten Kindesalter wird dem Nachwuchs am praktischen Beispiel vorgeführt, dass nur der Lauteste überleben wird. Wächst das Kind beispielsweise in einem Wohnblock mit Hinterhof auf, so wird es angehalten, in diesem ganz laut zu schreien und so hysterisch wie möglich zu kreischen, damit es rasch lernt, wie schnell sich akustische Wellen ausbreiten. Spiele, die nur mit hohem Geräuschpegel durchzuführen sind, erfreuen sich bei Kindern in Berlin daher stets großer Beliebtheit, etwa Fußball oder Skat. Letzteres versetzt das Kleinkind in die Lage, zu erlernen, mit welcher Wucht das Pik As auf einen stabilen Holztisch geschmettert werden kann und übt so gleichzeitig den souveränen Umgang mit einem Glas Hefeweizen. Damit wird der junge Mensch später in seinen Kneipenrunden großen Eindruck schinden können.

Spiele ohne permanente Geräuschkulisse erscheinen dem Großstadtkind dagegen eher langweilig und irgendwie sinnlos, etwa Lesen, Zeichnen oder Bodenturnen. Ganz besonders unbeliebt ist bei Kindern und Jugendlichen daher das Schachspiel. Denn nicht nur, wenn man selbst am Zug ist, hat man überhaupt keine Möglichkeiten zur akustischen Selbstentfaltung – nein, auch wenn man gerade nicht dran ist, muss man völlig geräuschlos dem Gegner zuschauen, um dessen Konzentration nicht zu stören. Manchmal bis zu einer halben Stunde. Es ist wohl kein Zufall, dass noch nie ein Berliner Schachweltmeister wurde. Dagegen ist Kegeln und Bowling außerordentlich beliebt, kann man doch mit dem Krachen der umgeworfenen Kegel und dem rituellen Ausruf „Alle Neune!" mehrere Geräusche gleichzeitig erzeugen. Und außerdem den Beweis antreten, dass Berliner immer sehr umwerfend sind.

Beim Besuch der Schule ist es ebenso ratsam, nicht unbedingt der Klügste, sondern der Lauteste zu sein. Der gekonnte Umgang, möglichst laut, wenn auch ungefragt, die Antwort ins Klassenzimmer zu brüllen, beeindruckt selbst den erfahrenen Pädagogen. Sogar dann, wenn die Antwort völlig falsch war. In diesem Alter haben Jugendliche ohnehin viele Möglichkeiten, mit lärmenden Geräuschen die lebensnotwendige Aufmerksamkeit zu gewinnen. Egal, ob es eine überlaute Fahrradhupe ist, ein einfacher Kaugummi, oder die moderne Unterhaltungselektronik, die es bereits jungen Menschen ermöglicht, überall akustisch präsent zu sein – stets haben sie eine reelle Chance, nervtötende Stille und Ruhe erfolgreich zu bekämpfen.

Angesichts solcher Erziehungsstrategien ist es kein Wunder, dass der schönste Tag des Jahres für die Berliner der 31. Dezember ist. Hier dürfen sie so laut sein, wie es nur irgendwie geht. Mit ihren sprengstoffbeladenen Wurfgeschossen können sie gezielt Passanten mit einem lauten Krachen erfreuen und rufen dabei „Prost Neujahr". Und singen begeistert „Freude schöner

Götterspeise!" Auch in den Wohnungen dürfen die Großstädter an diesem Tag ganz besonders laut sein und müssen, als guter Vorsatz fürs kommende Jahr, auf nichts Rücksicht nehmen.

Betrachtet man sich die vielen Jugendlichen, die schon Tage vor und auch nach dem Jahreswechsel Freude daran haben, mit legal erworbenem Sprengstoff auf den Straßen kriegsähnliche Klänge zu erzeugen, so fragen sich böse Zungen gerne, ob dies wohl der Beweis dafür ist, dass der Mensch vom Affen abstammt. Ich glaube das nicht. Im Gegenteil, es könnte vielmehr ein Beweis dafür sein, dass die Affen vom Menschen abstammen. Affen sind diesbezüglich ja viel weiter entwickelt. Kein Schimpanse könnte noch jene animalische Freude empfinden, im Bruchteil einer Sekunde 2 Euro 20 in ein krachendes Geräusch zu verwandeln. Diese großstädtischen Entwicklungen werden seit langem aktiv von der Technik unterstützt. Alle Geräte, die irgendwie mit Strom oder Motoren funktionieren, also Fortbewegungsmittel, Werkzeuge und Rasierapparate, sind so konstruiert, dass ihre Benutzung auch stets hörbar ist. Wenn die dabei anfallenden Geräusche, zum Beispiel beim Autofahren, nicht den nötigen Gefallen finden, dann ist der Berliner gerne bereit, sich erfinderisch zu betätigen. Etwa, in dem technische Eingriffe am Motor vorgenommen werden. Oder der Auspuff erhält einfach einen weiteren Ausgang. Der Großstädter ist hier extrem erfindungsreich.

Eine besondere Herausforderung an die moderne Technik war die Entwicklung von strombetriebenen Geräten, die vorher gänzlich ohne diesen, also völlig geräuschlos, funktionierten. So war der morgendliche Vorgang des Zähneputzens ein gänzlich unhörbarer Vorgang. Das war im wahrsten Sinne des Wortes so unerhört, dass die Industrie die elektronische Zahnbürste erfand.

Auch konnte man früher Kleingärtner beobachten, die den Rasen mit einem rein mechanischen Rasenmäher kurzhielten. Schon nach wenigen Metern Entfernung war davon nichts mehr zu hören. Da musste Abhilfe geschaffen werden, und es wurde der elektronische Rasenmäher erfunden. Dieser verhalf seinem Benutzer nicht nur, sein Ansehen bei den Nachbarn zu erhöhen, sondern verschaffte ihm auch eine astronomisch hohe Stromrechnung.

Angesichts seiner Vorliebe für Geräusche aller Art, verwundert es nicht, dass die Berliner ein paar Lieblingsberufe haben, die es ihnen ermöglichen, Broterwerb und Hobby zu verbinden, also etwa Rocksänger, Stadionsprecher, Panzerfahrer oder Pilot. Der Traumberuf schlechthin hat allerdings für den Berliner an Reiz verloren, nämlich der des Straßenarbeiters. Früher war es ihm eine Lust mit einer riesigen Bohrmaschine unter einem Höllenlärm Straßen aufzureißen oder mit einer donnernden Dampfwalze mit dröhnenden Motoren die Asphaltflächen zu glätten. Doch dann machte es keinen Spaß mehr. Er wurde vom Arbeitgeber gezwungen, dabei Kopfhörer zu tragen.

Ein Lieblingsberuf wäre prinzipiell auch der des Bombenentschärfers. Aber so richtig laut wird es im Leben eines Bombenentschärfers ja nur einmal. Und berühmt wird man ausgerechnet dann, wenn man dabei drauf geht.

Stehen den Berlinern technische Hilfsmittel zur Klangerzeugung nicht zur Verfügung, müssen sie sich auf ihre körperlichen Fähigkeiten verlassen. So führen sie entweder laute Gespräche, notfalls auch Selbstgespräche, oder sie versuchen, durch Niesen, Räuspern oder Naseputzen auf sich aufmerksam zu machen. Bisweilen täuschen sie sogar bedenkliche Hustenanfälle vor. Auch die gelegentliche Einnahme von fester und flüssiger Nahrung bietet den erfindungsreichen Berlinern zahlreiche Möglichkeiten. Und so kann als Erkenntnis feststehen, was das Besondere an Berlin ist: man kann diese Stadt nicht nur sehen, man kann sie auch hören. Na denn, Ohren zu und durch!

P.S.: Kleiner Tipp: wenn Sie in Berlin leben sollten und Ruhe und Stille lieben, dann ist der günstigste Bezirk dafür Ricklingen. Der liegt in Hannover, sieht auch nicht viel anders aus als Berlin, ist aber viel ruhiger. Außer zu Silvester natürlich.

35. Stadtlandschaft - Parteienlandschaft

Wenn man sich die Stadt Berlin als ganzes betrachtet, ist man doch immer wieder erstaunt über die vielen Rekorde. So wissen die wenigsten, dass es in Berlin mehr Brücken gibt als in der für ihre vielen Brücken doch so berühmten Stadt Venedig. In Berlin gibt es auch viel mehr Tauben als in der norditalienischen Lagunenstadt. Während sie dort allerdings als touristische Attraktion gelten und geschützt werden, betrachten die Berliner sie eher als lästige Plage. Dies wird wohl auch so bleiben, denn eine andere Verwendung der gefiederten Zweibeiner ist nicht in Sicht. Es sei denn als Taubenbraten mit Kartoffeln und Sauerkraut.

Auch hinsichtlich der Anzahl und der Qualität der Polizisten ist Berlin der Stadt mit den Gondeln weit überlegen. Sie prägen das Berliner Stadtbild durch ihre schönen Uniformen und ihr stets vorbildliches Verhalten im Straßenverkehr. Gerne sind sie bereit, ihre Pflicht zu erfüllen, und so gehen sie, selbst unter Einsatz ihres Lebens, gegen das Verbrechertum vor. Zum Beispiel gegen die gefährlichen Falschparker. Die Berliner Polizei sorgt für Ruhe und Ordnung und übrigens auch dafür, dass große Demonstrationen stets so enden, wie man es im Allgemeinen erwartet.

Die Berliner Polizei hat übrigens in diesem Zusammenhang für einen historischen Rekord gesorgt. Am Samstag, dem 9. Mai 1970, gab es in der Nähe vom Kurfürstendamm eine riesige Demonstration von Studenten. An einem Samstag wohlgemerkt! Eine Demonstration, die nicht mal von Wasserwerfern aufgelöst werden konnte. Da setzte die Berliner Polizei schließlich 48 berittene Beamte ein. Es gab dabei leider zwei Tote. Also zwei tote Pferde.

Das war der letzte Kavallerieangriff in der deutschen Geschichte. Ein Eintrag in das Guinness-Buch der Rekorde fehlt bis heute.

Nicht wegzudenken sind aus Berlin die riesigen Kaufhäuser. Auf zahlreichen Etagen wird hier alles angeboten, was das Herz begehrt. Und ist in diesen Kaufbiotopen mal irgendetwas partout nicht zu bekommen, dann gibt es das in Berlin eben nicht. Jedenfalls nicht legal. Der Erfolg der großen Warenhäuser ist vor allem auf eine revolutionäre technische Erfindung zurückzuführen, nämlich die Rolltreppe. Es ist kaum vorstellbar, dass jemand, der eine Stereoanlage samt Lautsprecher kaufen will, dafür freiwillig sieben Etagen die Treppen heraufklettert. Und wieder runter. Man muss bei der Nutzung von Rolltreppen allerdings aus Sicherheitsgründen stets darauf achten, dass man zur vorderen Person einen respektablen Abstand hält. Manche Fahrgäste neigen nämlich dazu, oben angekommen, sich erstmal von der anstrengenden Fahrt langfristig auszuruhen, was gelegentlich zur gänzlich unerwarteten Kollision mit den nachfolgenden Mitreisenden führen kann.

Die eindrucksvolle Silhouette der Stadt wird durch zwei berühmte Bauwerke geprägt. Da ist zum einen der Funkturm, der 138 Meter hoch ist und deshalb respektvoll „Langer Lulatsch" getauft wurde. Obwohl der Fernsehturm am Alexanderplatz mehr als doppelt so hoch ist, hat er keinen derart eingängigen Spitznamen erhalten. Im Turmkaffee auf die Stadt herabzuschauen ist jedoch stets ein unvergessliches Erlebnis, besonders im Novembernebel.

Ein ähnlich buntes Bild wie die Stadt selbst bietet sich auch bei einem Blick auf die politische Landschaft. Nach dem Zweiten Weltkrieg regierte im Ostteil der Stadt jahrzehntelang nur eine einzige Partei, während man im Westteil für diese anstrengende Arbeit stets mehrere Parteien benötigte. Lange Zeit hatte Berlin daher gleichzeitig zwei Bürgermeister, einen echten und einen wahren. Beide sozusagen Könige von Berlin.

Das war so ein bisschen wie seinerzeit mit dem Sandmännchen im Fernsehen. Da gab es nämlich in Ost und West auch zwei verschiedene. Das eine war einem ehemaligen Staatsratsvorsitzenden nachempfunden, das andere einer Mutation aus einem radioaktiv verstrahlten Versuchsgelände.

Der Bürgermeister von Berlin hat heute weltweit ein einzigartiges Privileg: er regiert. Jedenfalls entspricht das seiner offiziellen Berufsbezeichnung: Regierender Bürgermeister von Berlin. Was allerdings den fatalen Eindruck hinterlässt, die Bürgermeister anderer Städte würden nicht regieren. Wahrscheinlich entspricht diese Bezeichnung ohnehin nur einer wohlbekannten urberlinerischen Eigenart, nämlich reiner Angeberei. Welche Partei den Regierenden Bürgermeister von Berlin jeweils stellt, ist erfahrungsgemäß völlig egal. Am Stadtleben ändert sich jedenfalls nicht viel. Ist er aus der SPD, dann bedeutet das eben nur, dass er nicht aus der CDU sein kann. Und umgekehrt. Von allen Parteien, die in der Berliner Stadtpolitik verantwortlich sind, ist die SPD die älteste. Davon kann man sich heute noch überzeugen. Auch die CDU ist in Berlin besonders beliebt. Kein Wunder, hat sie sich doch, wie es sich für eine gute christliche Partei gehört, als einzige regelmäßig hervorgetan durch souveräne Bestechungsskandale und Korruptionsaffären. Das honorieren die Berliner durchaus.

Für etwas Abwechslung sorgten etwa seit 1980 alternative politische Kräfte, weniger in der politischen Verantwortung, sondern zunächst mehr außerhalb, mehr in der Öffentlichkeit. Etwa durch Demonstrationen, dem Verteilen selbstgedruckter Flugblätter, spontanen Happenings und der professionellen Durchführung von Hungerstreiks. Außerdem erweiterten sie später die Kleiderordnung des Abgeordnetenhauses beträchtlich durch das Tragen von selbstgestrickten Rollkragenpullovern, lila Latzhosen und unbequemen Korksandalen. Später verkleideten aber auch sie sich als Politiker. Sie wurden dabei durch eine Partei vertreten, die sich den komplizierten Namen „Bündnis 90/Die Grünen" gaben. Sie sind die sympathischste und bescheidenste Partei in Berlin: werden sie nämlich von mehr als 80 % der Bevölkerung nicht gewählt, feiern sie das als großen Erfolg und freuen sich.

Nach dem Mauerfall wurde das Berliner Abgeordnetenhaus um eine weitere Partei bereichert: die Sozialistische Einheitspartei Deutschlands. Das war ein ausgesprochener Glücksfall für Berlin, war sie doch rund vierzig Jahre lang die beliebteste Partei im Osten der Stadt und deswegen in all den Jahrzehnten stets eindrucksvoll wiedergewählt worden. Das war im Westteil der Stadt keiner einzigen Partei auch nur annähernd gelungen. Allerdings war nun einigen Mitgliedern, anders als in den Jahrzehnten zuvor, der Name lästig geworden. Und so gaben sie sich, offenbar zur Tarnung, eine neue Bezeichnung. Sie nannten sich jetzt Partei des Demokratischen Sozialismus, kurz PDS. Dann fiel ihnen auf, dass sich in diesem Namen ein Widerspruch befand. Und, um alle etwaigen Spuren zu verwischen, nannten sie sich, wiederum einige Jahre später, nun einfach nach ihrer Glaubensrichtung. Leider wird „Die Linke" auch im weltoffenen Berlin völlig unterschätzt und nicht ernst genommen. Das ist sehr schade, sollten die etablierten Parteien doch die Chance nutzen und von der reichen Erfahrung dieser politischen Kraft profitieren. Schließlich ist sie doch die einzige Partei in Deutschland, der schon vor Jahrzehnten bestätigt wurde, dass sie immer recht hat.

Alle fünf Jahre entscheidet die Berliner Bevölkerung vergleichsweise lustlos darüber, welche Parteien im Abgeordnetenhaus vertreten sind. Dabei gilt der Wahlkampf in der Stadt als ausgesprochen fair und daher wenig spannend, fast ein bisschen langweilig.

Kein Wunder, denn das Ergebnis steht schon lange vorher fest. Und so ist das Ritual am Wahlabend immer gleich: alle haben gewonnen! Die einen, weil sie etwas erreicht haben, die anderen, weil sie etwas verhindert haben. Und wieder andere, weil sie weniger verloren haben, als gedacht. So sind alle glücklich und zufrieden.

Die Abgeordneten tagen regelmäßig, wie es der Name ja vermuten lässt, im Abgeordnetenhaus und zwar im Gebäude des ehemaligen Preußischen Landtags. Um zu demonstrieren, dass er mit diesen Veranstaltungen absolut nichts zu tun hat, sitzt der Bürgermeister derweil im Rathaus. Und regiert, immerhin zwei Kilometer entfernt. Es handelt sich dabei um das sogenannte Rote Rathaus.

Das hat natürlich nichts mit der politischen Gesinnung des Bürgermeisters zu tun, sondern ist ausschließlich auf die Verwendung roter Klinkersteine als Bausubstanz zurückzuführen. Es wäre aber durchaus überlegenswert, entsprechend der Zusammensetzung der jeweils regierenden Partei oder der Koalitionen das Rathaus farblich anzupassen. Dann würde vielleicht doch die Politik das Stadtbild wenigstens etwas beeinflussen.

36. Prisca - eine Afrikanerin in Berlin

Um es vorwegzunehmen: dies ist natürlich keine Persiflage auf das Musical „Ein Amerikaner in Paris", nur mit anderen Kontinenten und Städten. Nein, es geht hier um die Eingliederung von ausländischen Mitmenschen, die stets hoffnungsfroh in die deutsche Hauptstadt kommen. Es ist ja typisch für Berlin, dass immer wieder Menschen aus anderen Ländern diese Stadt erreichen und hier sesshaft werden. Durch gnadenlose Integration ist von ihrer ursprünglichen kulturellen Identität schon nach wenigen Generationen rein gar nichts mehr übriggeblieben, sie wurden vollkommen dem Berliner Stadtbild angepasst.

Um 1960 kamen die ersten Gastarbeiter vorzugsweise aus verschiedenen Mittelmeerländern nach West-Berlin. Sie wurden so genannt, weil man damals dachte, sie würden hier eine Weile arbeiten und dann unter Tränen entbehrungsreich in die geliebte Heimat zurückkehren. Stattdessen fanden sie die Stadt schön und blieben. Das hat für Berlin viele Vorteile.

Wer sich beispielsweise einen teuren Urlaub in Istanbul nicht leisten kann, fährt einfach mit der U-Bahn zum Kottbusser Tor und genießt für einen Augenblick die Illusion, in der türkischen Metropole zu sein. Besonders die Esskultur wurde durch Zuwanderer erheblich bereichert durch Speisen, die den Berlinern bis dahin völlig fremd waren: Gyros, Döner, Pizza und Soljanka, ein Gericht, dass gar nicht so schlecht schmeckt wie es aussieht.

Ein ganz hervorragendes Beispiel für gelungene Integration ist Prisca. Sie ist eine Afrikanerin. Genauer gesagt stammt sie aus Tansania, dem Land der Elefanten, Löwen und Giraffen. Dass sie in Berlin lebt, ist relativ einfach erklärt. Sie ist nämlich mit einem deutschen Wissenschaftler verheiratet, und während er die meiste Zeit in Afrika forscht und seinen sonstigen Interessen nachgeht, hält Prisca in Berlin die Stellung. Das tut sie vor allem deshalb so gerne, weil sie hier Dinge tun kann, die in der ostafrikanischen Savanne nur schwerlich gelingen. Zum Beispiel U-Bahn fahren und shoppen gehen.

Obwohl Tansania um 1900 herum unter dem Namen „Deutsch-Ostafrika" ein beträchtlicher Teil der deutschen Heimat war, beherrschen die Berliner die dortige Muttersprache, Swahili, leider nicht. Schließlich sind sie ja damit beschäftigt, verschiedene Sprachen des Vorderen Orients zu erlernen, zum Beispiel, um problemlos einkaufen zu können. So ganz allein auf sich gestellt, hat Prisca daher frühzeitig beschlossen, möglichst rasch die deutsche Sprache zu erlernen.

Ihr ausgeprägtes Interesse am Bummeln gehen, führte rasch dazu, sich auf Vokabeln aus der Finanzwelt zu konzentrieren. Begriffe wie „Einkaufen", „teuer", „Geldschein" und „handeln" waren ihre ersten Worte. Ihre ungewöhnliche Sprachbegabung befähigte sie schon nach kurzer Zeit, eigenständige Sätze zu bilden. So etwa in einem Supermarkt, als sie plötzlich feststellte, dass ihr eine Tragetasche fehlte und sie dem verblüfften Kassierer zurief: „Gib mal Tüte!"

Fiel ihr naturgemäß die Aussprache einiger Wörter zu schwer, wurden diese Begriffe einfach dem afrikanischen Sprachklang angepasst. Als Prisca beispielsweise am Neuköllner Schifffahrts-kanal wohnte, wurde diese künstliche Wasserstraße in ihrem Bekanntenkreis umbenannt in „Mamba River". Das verstanden alle.

Die erfolgreiche Integration von Prisca gelang aus zwei Grün-den ganz einfach. Da ist zum einen ihr überaus pragmatisches Denken und Handeln, wie es bei den Berlinern allgemein üblich ist. So gingen wir mit ihr eines Tages in den Zoologischen Garten, damit unsere afrikanische Bekannte nun endlich mal mit eigenen Augen Elefanten, Löwen und Giraffen sehen konnte. Hier über-raschte sie mit der spontanen Einführung eines neuen und über-aus praktischen zoologischen Klassifikationsschemas aller Säuge-tiere. Sie bevorzugte eine einfache Zweiteilung in „essbar" und „ungenießbar".

Großes Interesse fanden bei ihr daher Antilopen, Wildschweine, Rinder und Hirsche, und sie überlegte sich jeweils, welche Soße und welche Beilage zu welcher Tierart besonders gut passen würde. Weniger Interesse fanden dagegen Tiere wie Panzernashörner, Biber oder Gürteltiere.

Zum anderen kann Prisca problemlos mit dem Berliner Humor mithalten. Wird sie etwa in der U-Bahn aufgefordert, ihren Fahrschein vorzuzeigen, so tut sie das gerne mit den Worten „Ich fahre trotzdem schwarz!" Sie freut sich stets, wenn ein Kontrolleur den Witz versteht, was allerdings nur selten der Fall ist. Es ist schade, dass Prisca sich so wenig für Politik interessiert, sie könnte bei ihrer Begabung die erste schwarze Bürgermeisterin der Stadt werden, egal in welcher Partei.

P.S.: Obwohl die Berliner Bevölkerung seit Jahrhunderten integrationserfahren ist, gibt es natürlich immer wieder kleine Probleme. So sah ich einmal auf dem Spandauer Weihnachtsmarkt zwei angetrunkene Berliner, die einem Afrikaner hinterher riefen: „Bimbo, komm mal her!" Er drehte sich um, ging auf die beiden zu und begrüßte sie herzlich. Er hieß offenbar Bimbo.

Aber natürlich kann Berlin sehr gut mit Integration umgehen. Die Hugenotten waren schon nach über 100 Jahren voll integriert, und wir verdanken ihnen segensreiche Einrichtungen wie die Bouletten, die Berliner Polizei und die Seidenraupenzucht sowie bedeutende Persönlichkeiten wie Theodor Fontane und Karl-Eduard von Schnitzler. Ja, dessen Mutter war eine geborene Gillette. Daher wohl diese rasiermesserscharfen Kommentare.

37. Berlin und seine Tiere – eine zoologische Betrachtung

Es liegt in der Natur der Sache, dass in einer großen Metropole wie Berlin der Tierbestand deutlich eingeschränkter ist als etwa in der Serengeti. So sind große Raubkatzen aus dem Berliner Stadtbild inzwischen völlig verschwunden. Auch das Wappentier der Stadt wird man im Freien nur noch in Form kupferner Standbilder und Denkmäler begegnen, denen man sich gefahrlos nähern kann. Und egal, ob man am Kurfürstendamm entlang spaziert oder sich auf dem Alexanderplatz befindet, man wird vergeblich Ausschau halten nach riesigen Herden freilebender Schafe oder Rinder. Selbst wenn die Berliner rufen „Da kommen die Bullen" meinen sie für gewöhnlich etwas anderes.

Dieser Entfremdung von den natürlichen Bedingungen begegneten die Berliner schon früh mit dem Halten von Haustieren. Genau genommen halten sich alle solche Tiere, nur manchmal eben unfreiwillig, wenn man zum Beispiel an die vielen kleinen Schaben, Asseln, Fliegen und Spinnen denkt. Oder an die vor allem im Sommer so beliebten Mücken. Viele Großstädter sind sich überhaupt nicht bewusst, welch kostbare und artenreiche Mikrofauna unter jedem Bett und hinter den Schrankwänden gedeiht.

Halten sich die Berliner jedoch in voller Absicht Haustiere, so lassen sich diese in wenige typische Großgruppen unterteilen.

Die einfachsten Wirbeltiere, die für gewöhnlich in Berliner Wohnungen gehalten werden, sind Fische. Haben die Hobbyichthyologen einen Garten, so werden sie Goldfische in einem kleinen Teich züchten. Da können sie ihre orangefarbenen Freunde zwar nur von oben sehen, aber immerhin jedes Jahr der spannenden Frage nachgehen, ob sie wohl den Winter überlebt haben.

Normalerweise werden Fische aber im Wohnzimmer in einem großen Behälter aufbewahrt, der praktischerweise aus Glas besteht, um einen seitlichen Einblick zu ermöglichen. Hier stellen sich die Aquarianer gerne eine Sammlung bunter und hübscher Fische zusammen, und zwar aus Arten, die so in freier Wildbahn niemals zusammenleben würden. Wer einen besonders edlen Geschmack hat, wird sich einen Kampffisch halten. Diese Tiere sind derart aggressiv, dass sie sofort auf Artgenossen losgehen, sie angreifen und fürchterlich zurichten. Das macht diesen Fisch irgendwie menschlich.

Aufgrund seiner Verhaltensauffälligkeit kann in einem Aquarium stets nur ein Exemplar gehalten werden und dieses ist dafür wenigstens entsprechend teuer. Ist unser Fischfreund ein Angeber und will damit auch noch prahlen, so belässt er am Tier dezent das Preisschild.

Ist dem Wohnungsinhaber der Besitz eines wassergefüllten Behälters zu unheimlich, so kann er ihn auch im trockenen Zustand verwenden und Eidechsen oder Schlangen darin aufbewahren. Entschließt er sich für eine größere Anschaffung, so bevorzugt manch Berliner eine Riesenschlange, zum Beispiel eine hübsche Anakonda. Sie wird noch nicht mal zehn Meter lang und wirkt zusammengerollt sogar wesentlich kleiner

Gegenüber der Haltung exotischer Fische hat die Anakonda einen großen Vorteil. Hier muss nämlich nicht nur kein Wasser gewechselt werden, sondern auch die tägliche und zeitaufwändige Fütterung entfällt. Es reicht völlig aus, alle halbe Jahre ein mittelgroßes Schwein zu kaufen und es in den Behälter zu stellen. Die kurze Freundschaft der beiden ungleichen Tiere endet stets mit einer Überraschung. Jedenfalls für das Schwein.

Großer Beliebtheit erfreuen sich in Berliner Wohnungen diverse Vogelarten. Besonders papageienartige Tiere werden gern gehalten, da es ihnen als seltsame Laune der Natur vergönnt ist, die menschliche Stimme zu imitieren. Das ist vor allem für Alleinstehende eine gute Gelegenheit, ab und an eine anregende Diskussion zu führen. Auch wenn der Vogel aufgrund seines etwas eingeschränkten Repertoires zu einem Thema wie Sicherheit von Atomkraftwerken immer nur sagen kann „Ich bin der Hansi". Immerhin, er steht wenigstens zu seiner Meinung.

Ein besonders seltenes, vor allem in den mondänen Randbezirken vorkommendes Haustier finden überraschte Villenbesitzer in den frühen Morgenstunden in ihren Swimming-Pools. Nämlich ein Wildschwein, das ganz unerwartet und eher zufällig die Gelegenheit zu einem Bad genommen hat. Da Wildschweine aus anatomischen Gründen nicht die engen Badeleitern benutzen können, muss jeweils die Feuerwehr einschreiten.

Ich selbst habe allerdings mal mit bloßen Händen ein Tier aus einem Swimming-Pool befreit. Das war aber kein Wildschwein, sondern nur ein kleines Eichhörnchen. Es bedankte sich für diese humane Tat mit einem stark blutenden, tiefen Kratzer an meiner Hand, der noch monatelang ein schönes Souvenir an diesen ereignisreichen Tag war.

Wenn man jedoch von Haustieren in einer Großstadt spricht, so denken wir stets an zwei scheinbar grundverschiedene Formen von Lebewesen, nämlich Hunde und Katzen.

Obwohl die Besitzer solcher Tiere die Unterschiede besonders betonen, wird es sie überraschen, dass Hunde und Katzen im Prinzip dasselbe sind. Beide haben je vier Beine, vorne ist ein Kopf und hinten kommt gelegentlich etwas heraus. Die einzige allerdings sehr auffällige Besonderheit besteht darin, dass Hunde, vermutlich genetisch bedingt, nicht in der Lage sind, eine Toilette innerhalb des Wohnraums zu benutzen. Der wesentliche Unterschied besteht daher mehr in den Lebensgewohnheiten, Ansprüchen und Bedürfnissen der Tierhalter.

Wer sich eine Katze hält, verbringt gerne viel Zeit im eigenen Heim und solidarisiert sich auf diese Weise mit dem fauchenden Gefährten. Katzenbesitzer erkennt man auch daran, dass sie die Abwechslung lieben, müssen sie sich doch jedes Jahr eine neue Polstergarnitur kaufen, damit die kleinen Raubtiere diese erneut mit ihren individuellen Zeichen markieren können. Üblicherweise jagen diese Mäuse, doch durch die rücksichtslose Vertreibung der kleinen Nager aus großstädtischen Wohnzimmern müssen Katzen nun andere Dinge jagen. Selbst der Strahl einer harmlosen Taschenlampe wird dann vom arglistig getäuschten Tier stundenlang verfolgt.

Hundebesitzer dagegen lieben es, sich außerhalb ihrer Wohnung aufzuhalten, werden sie doch vom Hund gezwungen, diese regelmäßig zu verlassen, damit der struppige Freund das Straßenpflaster durch seine kunstvoll arrangierten Ausscheidungen verzieren kann. Besonders erfreut nehmen Hundebesitzer den Harndrang ihres Tieres immer dann zur Kenntnis, wenn es draußen regnet und stürmt.

Hundebesitzer lieben diese Spaziergänge übrigens deshalb, weil der Regen in Berlin nur gelegentlich in Hagelschauer übergeht. Der angeborene Freiheitsdrang der stets kläffenden Vierbeiner macht es allerdings erforderlich, sie anzuleinen, damit sie nicht versehentlich auf die Straße laufen, um dort von einem Auto überfahren zu werden. Oder einer Horde Radfahrer. Eine Kompromißlösung für den verantwortungsvollen Hundehalter sind Leinen, die meterlang ausfahrbar sind, bietet sie ihm doch gleichzeitig den Vorteil, dass gelegentlich Passanten darüber stolpern können. So hat alles sein Gutes.

Wenn man die Stadt aufmerksam durchstreift, dann fällt rasch auf, dass der Tierbestand in Berlin sehr ungleichmäßig verteilt ist. So ist zum Beispiel die Wahrscheinlichkeit, von einer Horde Wildschweine angegriffen zu werden, naturgemäß da am größten, wo der Baumbestand ein Leben dieser Borstentiere überhaupt erst ermöglicht. Etwa im Grunewald oder im Volkspark Friedrichshain.

In völlig zugebauten Stadtteilen wie Kreuzberg oder Wedding wird man dagegen keine Wildschweine mehr finden, es sei denn auf der Speisekarte einer Gaststätte. In solchen Bezirken bietet sich stattdessen ein ganz anderes Bild. So kann man hier junge Männer beobachten, die an ihren Leinen Kampfhunde führen. Ihnen begegnet man besser mit einem gewissen Respekt. Sie sind athletisch gebaut, außerordentlich aggressiv und wenig intelligent. Also genau wie ihre Hunde.

P.S.: Wer übrigens nicht nur einen Hund, sondern zufällig auch noch auch ein Haus mit Garten besitzt, kann hier den besten Freund des Menschen vielfältig einsetzen, zum Beispiel um

Fußgänger, Radfahrer und Briefträger zu erschrecken. Außerdem sind die meisten Hunde in der Lage, eine Tageszeitung in wenigen Sekunden in ein handliches Format zu überführen.

38. Eine Abenteuerreise durch Berlin

Berlin verändert sich ständig. So sind die vielen hübschen gelben Telefonzellen inzwischen fast vollständig aus dem Stadtbild verschwunden. Aber der Eindruck täuscht. Es gibt sie in Berlin noch immer, diese eckigen gelben Dinger, die man nur betritt, um zu telefonieren: die U-Bahn. Erst neulich hörte ich jemanden sagen: „Ich bin jetzt in der U-Bahn. Deshalb ruf ich an!"￼ In Berlin ist die U-Bahn das beliebteste Fortbewegungsmittel. Das „U" steht für Untergrund. Und tatsächlich: obwohl die U-Bahn zwar hin und wieder mal kurz an der Oberfläche zu sehen ist, agiert sie doch die meiste Zeit völlig unbemerkt im Untergrund. Also ganz wie der Berliner Senat.

Schon 1902 wurde in der Stadt die erste Untergrundbahnstrecke eingeweiht. Sie war, wie man sich denken kann, weitgehend eine Hochbahn. Mehr als 100 Jahre später benutzten bereits 457,5 Millionen Fahrgäste die Berliner U-Bahn. Mich eingeschlossen.

U-Bahnhof Alt-Tegel. Anfang und Ende der U-Bahn-Linie 6. Ich will mit der U-Bahn zur anderen Endhaltestelle fahren, dem Bahnhof Alt-Mariendorf. Laut Plan dauert die Fahrt ganze 38 Minuten. Um mir diese Zeit etwas zu vertreiben, kaufe ich eine Zeitung. Der Zug steht schon da. Es ist einer, der nicht mehr aus lauter einzelnen Waggons besteht, sondern eine durchgehende, gelbe, schlauchförmige Röhre ist, durch die man von einem Ende zum anderen fröhlich hindurch spazieren kann.

Ein verwahrloster Mann kommt auf mich zu: „Haste mal ne Zigarette?" fragt er mich. „Nein" antworte ich ehrlich und füge belehrend hinzu, wonach laut Hausordnung das Rauchen im gesamten Bahnhofsbereich ohnehin strikt untersagt sei. Ich steige vorne ein.

Es erklingen endlich die Worte „Bitte zurückbleiben!", die Türen schließen sich automatisch und der Zug fährt los. Allerdings nicht der, in dem ich sitze, sondern, zur Verwunderung aller Fahrgäste, der auf der anderen Seite. Pech gehabt. Aber was sind

schon fünf Minuten Zeitverschwendung im Leben eines Groß-
städters. Schon 300 Sekunden später geht es wirklich los.
Da setzt sich plötzlich ein Schüler hin, direkt mir gegenüber. Er
verschlingt einen penetrant duftenden Döner und brüllt dabei
schmatzend in sein Handy, dass er gerade in der U-Bahn sitzt
und einen Döner verschlingt. Eine Information, die seinen Kum-
pel sicher brennend interessiert. Mich allerdings nicht und so
stehe ich auf und setze mich woanders hin. Natürlich könnte ich
auch warten, bis er von selbst aufsteht und verschwindet, aber
die Erfahrung zeigt, dass es meistens ohnehin nur wenige Minuten dauert, bis der nächste dönerverschlingende Schreihals den
Zug betritt.

Ich gerate allerdings vom Regen in die Traufe. Eine korpulente
Frau mit strähnigen Haaren und rotem Pullover lässt sich auf
dem Sitz gegenüber nieder. Sie schiebt sich ein gewaltiges, reich
belegtes Baguettebrot in den Mund. Ihre etwa zwölfjährige Tochter, der man bereits ansieht, dass sie einmal ihrer Mutter sehr
ähnlich sehen wird, hantiert ungeschickt mit einem Fleischsalat-
brot herum.

„Pass uff, dass de nich kleckast" sagt die Frau, während aus
dem Baguettebrot einige Mayonnaisetropfen auf ihren Pullover
fließen, was sie nicht sieht.

Ich sehe noch etwas, was sie nicht sieht, nämlich: dass über ihr
ein kleines Plakat angebracht ist: „Bitte im Fahrzeug nicht essen!
Vielen Dank". Das Handy der baguetteverschlingenden Frau
meldet sich mit einem martialischen Klingelton und sie versucht,
Kommunikation und Nahrungsaufnahme irgendwie miteinander
zu kombinieren. Gleichzeitig wagt sie es, eine Flasche Mineral-
wasser zu öffnen, die sie zu diesem Zweck zwischen ihre Schen-
kel presst. Endlich gelingt es ihr und das aufschäumende Nass
ergießt sich wie eine sprudelnde Fontäne über ihre Hose.

Merkwürdig, denke ich, Menschen in der U-Bahn essen und
trinken, hören Musik, telefonieren, kurzum: sie tun so, als ob sie
zuhause wären. Man kann ja direkt froh sein, dass sie nicht
während der Fahrt auch noch in die Ecke pinkeln. Ich blicke

zurück auf das Plakat. Ob es das irgendwann geben wird: „Bitte im Fahrzeug nicht pinkeln! Vielen Dank"?

Immerhin, Berlin war schon so oft Vorreiter in heiklen Missionen. Glücklicherweise steigen die beiden Tolpatschinnen wieder aus, und ich kann nun endlich ungestört meine Zeitung lesen. Dachte ich jedenfalls, denn nun steigt ein armselig aussehender Wicht mit einem völlig heruntergekommenen Hund ein. Er wäre der Mike, sei leider derzeit obdachlos und hätte obendrein seit drei Tagen nichts mehr gegessen. Über die Ernährungslage seines Hundes sagt er allerdings nichts. Und wie er gerade ansetzt, mir seine ganze Lebensgeschichte zu beichten, gebe ich ihm rasch etwas Kleingeld, weil es für einen guten Zweck ist und vielleicht auch in der Hoffnung, er würde weitergehen. Tut er aber nicht, und so stehe ich lieber auf und suche mir einen neuen Platz. Zumal er mir seine Geschichte ja gestern schon erzählt hatte.

Unterwegs sehe ich fasziniert auf einen an der Decke befestigten Monitor, auf dem abwechselnd etwas Werbung und Nachrichten zu sehen sind. So erfahre ich interessante Informationen. Zum Beispiel, dass sich in Los Angeles eine mir namentlich unbekannte Schauspielerin von einem mir namentlich unbekannten Sänger getrennt hätte, und nunmehr mit einem mir namentlich unbekannten Rennfahrer zusammenlebt. Ich bin glücklich, wieder etwas Wichtiges gelernt zu haben.

U-Bahnhof Leopoldplatz. Großes Gedränge. Drei Jungs treffen sich im Wagen, alle wohl so gerade mal zwölf Jahre alt. Sie tragen Jacken mit Kapuzen, obwohl es in der U-Bahn überhaupt nicht regnet. Aber es sieht halt so cool aus. Ihre Begrüßung fällt angesichts der verwendeten Fäkalsprache für mich etwas ungewöhnlich aus. Na, denke ich, vielleicht ist es das, was wir früher mit „Guten Tag" und „Wie geht's denn so?" meinten. Sie lümmeln sich auf den Sitzen herum, obwohl es recht voll ist. Einer von ihnen ist so ein richtiger Angeber und praktiziert an einer Querstange einige völlig misslungene Klimmzüge. Schön, denke ich, dass der Nahverkehr in Berlin auch etwas für den Breitensport tut.

Eine sehr alte Frau mit einem Gehstock betritt noch die U-Bahn und fragt einen von den Jungs, ob es wohl möglich sei, dass sie sich dort hinsetzen dürfe. Mit einer auch international verständlichen Geste unter Verwendung des Mittelfingers der rechten Hand deutet der Angesprochene an, dass er nicht gewillt sei, dem Wunsch der alten Frau zu entsprechen. Ich nutze meine Chance, biete ihr meinen Platz an und entkomme so elegant dem emotionalen Inferno.

Aber wieder gerate ich vom Regen in die Traufe, denn am Bahnhof Wedding steigen etwa zwanzig kleine brüllende und quäkende Schulkinder samt zwei sichtlich überforderten Lehrerinnen ein. Anders als früher findet der Wandertag heute offenbar nicht mehr im Freien, sondern in der U-Bahn statt. Glücklicherweise steigen sie bald wieder aus.

Als ich nun endlich meine Zeitung lesen will, steigen drei gut gekleidete Herren fortgeschrittenen Alters mit perfekt sitzenden dunklen Anzügen und italienischen Schuhen ein und stellen sich irgendwo hin. Sie reden sehr laut. Der eine betont mehrfach, dass er in irgendeinem Ortsgruppenverband irgendeiner Partei aktiv sei und übrigens einen stellvertretenden Minister des Landeskabinetts von Rheinland-Pfalz persönlich kennen würde. Sie verwenden mit Hingabe dubiose Begriffe aus der Finanzwelt, diskutieren mit erstaunlichem Fachvokabular, wie denn die Börse in Tokio heute abgeschlossen hätte, ob die Präsentation für die Budgetsitzung fertig sei, wann denn eigentlich der Flieger nach Köln geht, und ob nachher der Herr Dr. Belzheim anwesend sein würde, dies wäre für die Entscheidung des Gremiums doch von höchster Priorität. Ich denke, was müssen das für arme Würstchen sein, dass sie es als notwendig erachten, ihre vermeintliche Wichtigkeit in der U-Bahn derart plakativ zu präsentieren. Dann steigen diese unglaublich wichtigen Geschäftsmänner und eine Menge weiterer Leute aus und ich kann mich erneut hinsetzen, um nun endlich meine Zeitung zu lesen.

U-Bahnhof Friedrichstraße. Na, hier ist was los, Menschen steigen ein und aus. Ein tätowierter Mann mit Kampfhund, dieser allerdings ohne Tätowierungen, steigt ein, entfernt sich glücklicherweise gleich in die andere Richtung.

Ein junges Paar mit einem Kinderwagen nimmt stattdessen mir gegenüber Platz. Das Baby schläft ruhig, da könnte ich ja nun mal meine Zeitung lesen. Doch der stolze Vater schaut irgendwie skeptisch in den Kinderwagen und beginnt, an dem friedlichen Kindlein herumzugrabschen. Etwas fällt dabei um. „Pass doch auf!" ruft die junge Mutter und greift nun ebenfalls in den Wagen, nestelt ungeschickt an der Decke herum, bis endlich der gewünschte Effekt eintritt: der Säugling wird wach.

„Ja, wer ist denn da?" fragen die Eltern blöde und zerren den wehrlosen Nachwuchs aus der Schlafstätte. Das Neugeborene beginnt aus Leibeskräften zu schreien und die Eltern halten nun voller Stolz ihre rotgesichtige Gebrüllmaschine in die Höhe. Ich überlege, ob ich trotz der 120 Dezibel den Versuch der Zeitungslektüre wagen soll. Da kommt mir unerwartet ein Fahrgast zu Hilfe. Er öffnet nämlich ein Fenster und sofort fegt ein orkanartiger Windstoß durch den Zug, so dass ich Mühe habe, meine Zeitung überhaupt festzuhalten. Ich stehe dankbar auf, lasse die Naturgewalten hinter mich und gehe ein gutes Stück weiter.

Am U-Bahnhof Stadtmitte steigen ein paar Dutzend Touristen ein und ein geradezu babylonisch anmutendes Stimmengewirr fremdartiger Sprachen erklingt, Dänisch, Französisch, Holländisch, Italienisch, Sächsisch. Am liebsten würde ich aufstehen und mich woanders hinsetzen, aber ich weiß genau, dass sie alle nur zum berühmten Checkpoint Charlie wollen – den es streng genommen gar nicht mehr gibt – und da werden sie am Bahnhof Kochstraße alle wieder aussteigen. Die drei Stationen werde ich deren Gebrüll schon ertragen.

Tatsächlich verlassen viele Fahrgäste dort den Zug. Dafür steigt nun aber ein ungepflegt wirkender Mann mit einer seltsamen Gitarre ein und beginnt, kaum dass die U-Bahn losfährt, ein Lied zu singen. Es handelt sich dabei ganz eindeutig um „Blowin' in the wind" von Bob Dylan. Das erkennt man jedenfalls sofort am Text. Da er offenbar vom Verkäufer der Gitarre nicht informiert worden war, vor der Benutzung des Instruments die Saiten richtig zu stimmen, und weil er auch nicht in der Lage ist, halbwegs einer melodischen Linie zu folgen, gerät ihm das Kunstwerk völlig aus den Fugen. Es klingt derart grauenvoll und schräg, dass ich ernsthaft überlege, ob ich nicht doch besser zu dem schreienden Säugling zurückkehre.

Stattdessen trete ich routinemäßig die Flucht an und laufe weiter durch den Zug, vorbei an lauter stumpfsinnig wirkenden Menschen, die sich auf ihren Sitzen unkontrolliert herum lümmeln, sinnlos telefonieren oder tollpatschig eine Minipizza verzehren oder am besten alles gleichzeitig tun. Fast stolpere ich beim Gang durch dieses schwatzende und schmatzende Raritätenkabinett über die ausgestreckten Beine eines Mannes, der gar nicht merkt, dass hier Leute entlanglaufen, so vertieft ist er in seine Sportzeitung. Dabei laufe ich auch an einem Punker mit einer speckigen Lederjacke vorbei, dessen Schäferhund im Weg liegt. Ich muss über das ruhende Tier steigen.

Inzwischen ist die U-Bahn etwas leerer geworden, und ich setze mich erneut hin. Da steigt ein Mann ein. Nichts Ungewöhnliches an ihm, ganz normaler Typ, eben Durchschnitt. Das heißt, eigentlich auch wieder nicht, denn er hat weder Kampfhund noch Fahrrad dabei, telefoniert nicht, hört keine Musik und versucht sich auch nicht mit stinkenden Nahrungsmitteln vollzustopfen. An seiner Hand hält er seine Tochter, die vielleicht sechs Jahre alt ist. Sie kommen beide von einem Straßenfest, und die Kleine strahlt übers ganze Gesicht, denn sie hält einen schönen Luftballon in der Hand. Darauf steht in großen Buchstaben CDU.

Ach ja, denke ich, es ist mal wieder Wahlkampf. Nun will der Punker mit seiner speckigen Lederjacke samt Schäferhund aussteigen, alle Blicke folgen den beiden. Er sieht den Luftballon, fühlt sich provoziert und hält voll drauf. Irgendein Metallteil seiner Jacke lässt den Ballon mit einem lauten Knall zerplatzen. Das Mädchen bekommt einen Riesenschreck und fängt bitterlich an zu weinen, der Vater ist fassungslos. Der Punker dagegen verlässt lachend den Zug. Die meisten Fahrgäste hatten gesehen, dass er den Luftballon zerplatzen ließ und applaudieren und beglückwünschen ihn für seinen tapferen Heldenmut. Während die U-Bahn weiterfährt, bekomme ich noch mit, wie er auf dem Bahnsteig seine Meinungsfreiheit auslebt und zwei Bundeswehrsoldaten als Mörder beschimpfen darf.

Da ich das Geheul des kleinen Mädchens nun auch irgendwie nicht ertragen kann, stehe ich also wieder auf und setze mich erneut woanders hin. Da sehe ich einen Mann mit einem Fahrrad. In den guten alten Zeiten hätten wir ihn wohl als klassischen Wessi bezeichnet. Das war nicht etwa der Gegensatz zum Ossi – den gab es damals noch gar nicht –, sondern jemand aus Westdeutschland, der meinte, uns West-Berlinern die Welt erklären zu müssen. Kennzeichen: selbstgestrickter Rollkragenpullover und ein altes Fahrrad, auf dem Gepäckständer ein paar Kilo reifer Tomaten in einer Kiste mit der Aufschrift „Bio-Gemüse". Während der Zug losfährt, stellt er das Fahrrad quer zur Fahrtrichtung.

Na ja, denke ich, der Deutsche an sich fühlt sich halt am wohlsten, wenn er irgendwie effektiv im Weg stehen kann. Er setzt sich hin, holt seine Zeitung heraus und fängt an zu lesen.

Lesen – stimmt, das würde ich jetzt auch gerne tun, aber ich denke nach. Ich betrachte sein Fahrrad. Wenn Sir Isaac Newton mit seinem Trägheitsgesetz recht hat, wonach Körper entweder im Zustand der Ruhe oder der gleichförmigen geradlinigen Bewegung verbleiben, dann müsste am nächsten U-Bahnhof folgendes passieren. Beim Abbremsen würde das Fahrrad trotzdem versuchen, im Zustand der gleichförmigen Bewegung zu verbleiben, es müsste entsprechend in Fahrtrichtung umkippen und die Tomatenkiste sollte dann eigentlich in einem eleganten Bogen samt vitaminreichem Inhalt durch die Luft fliegen. Und zwar genau auf mich. Ich beschließe daher, diesem zweifelsohne interessanten physikalischen Experiment besser nicht beizuwohnen, stehe auf, gehe weiter und setze mich woanders hin.

Nun kann ich endlich meine Zeitung lesen. Da aber setzt der öffentliche Nahverkehr seine schärfste Waffe gegen monotones

Bahnfahren ein. Ein dicker Mann mit Glatze hält mir einen Ausweis entgegen und blökt etwas, was sich anhört wie „Fahrkartenkontrolle. Kann ick mal ihre Fahrkarte sehn?"
O je, denke ich, nur hochgeschultes und feinfühliges Personal darf hier dieser verantwortungsvollen Aufgabe nachgehen. Fahrkartenkontrolleure kann man in Berlin übrigens leicht erkennen, denn sie versuchen immer – und zwar möglichst auffällig – möglichst unauffällig zu wirken. Ich zeige ihm das gewünschte Dokument. Neben mir sitzt eine ältere Dame, eine Touristin aus Frankfurt, wie sich herausstellt. Sie hatte zwar einen Fahrschein ordnungsgemäß gekauft, wusste aber nicht, dass man diesen unmittelbar vor Fahrtantritt abstempeln lassen muss. Die gefasste Schwerverbrecherin wird von dem Kopfgeldjäger verhaftet und abgeführt. Als sie aussteigen wollen, schauen sie neugierig nach hinten. Dort war ein Fahrrad mit einer Kiste Tomaten umgekippt.

Die U-Bahn hält mal wieder irgendwo an. Wo bin ich jetzt? Ich schaue hinaus, aber die Fensterscheiben sind von einigen Künstlern mit Ritzungen und Farbflecken derart verziert worden, dass rein gar nichts zu sehen ist. Ich bin leider intellektuell nicht in der Lage, zu begreifen, was die Künstler uns damit sagen wollen.

Irgendwie tun sie mir ja leid. Da studieren sie nun jahrelang Design und Kunstgeschichte, und das einfache Volk versteht ihre subtilen Botschaften nicht. Manchmal werden die freischaffenden Künstler sogar auf frischer Tat ertappt. Nach der Verhaftung werden ihre Personalien aufgenommen und die Künstler anschließend mit der vollen Härte des Gesetzes auf freien Fuß gesetzt.

Ich stelle aber überrascht fest, dass ich am hinteren Ende des U-Bahnwagens angekommen bin. Und tatsächlich: ich bin am U-Bahnhof Alt-Mariendorf. Ich steige erleichtert aus. Berlin, Du hast es gut. Hier müssen Menschen nicht jahrelang Psychologie studieren, um alle Formen menschlichen Fehlverhaltens und die Abgründe der Seele kennenzulernen. Nein, hier reichen 38 Minuten mit einer Fahrt quer durch die Stadt. Und wer denn unbedingt in Berlin Psychologie studierten will, der sollte als Praktikum ein Semester lang mit der U-Bahn fahren. Ich werde jetzt etwas einkaufen und freue mich schon auf die Rückfahrt. Ich werde dann nämlich versuchen, endlich meine Zeitung zu lesen.

P.S.: Es gibt nur eines, was noch nervenaufreibender ist, als in Berlin mit der U-Bahn zu fahren, und das ist, in Berlin mit der U-Bahn zu fahren, und zwar am Sonntagnachmittag. Nicht nur, dass die Züge im übersichtlichen 10-Minuten-Takt fahren, – nein, hier werden gerne die allseits beliebten Kurzzüge mit geringerem Fassungsvermögen eingesetzt. Dann schlägt die Stunde grölender Fußball-Fans und junger Eltern, die sich mit ihren Kinderwagen in die hoffnungslos überfüllten Waggons quetschen. Vermutlich aus Angst, erdrückt zu werden, geben die Sprösslinge absonderliche Geräusche von sich. Begriffe wie „Schreien", „Kreischen" oder „Brüllen" geben nicht annähernd das akustische Inferno wieder, dass man dabei erleben kann. Fahrgäste, die selbst keine Kinder haben, laden sich am Sonntagnachmittag auf ihr Handy gern den Klingelton „Schreiender Säugling" oder etwa „Kreischendes Kind", um nicht unangenehm aufzufallen. In diesem Fall gilt die Empfehlung, die Strecke zu laufen. So wird aus 38 Minuten U-Bahnfahrt zwar ein mehrstündiger Spaziergang, aber man hat sich sportlich betätigt und kann sicher sein, keinen psychischen Schaden davonzutragen.

39. Berlin im Jahr 2005 – ein Tourist in der Stadt

Touristen erkennt man in Berlin am leichtesten an dem meist verunsicherten Blick, wenn sie einen Stadtplan in den Händen halten und darauf verzweifelt die Berliner Straße suchen. Was deshalb schwierig ist, weil es in Berlin rund ein Dutzend Straßen mit diesem einfallsreichen Namen gibt. Wenn man sich in der Stadt jedoch gut auskennt, kann man in den meisten Fällen rasch Abhilfe schaffen, denn mit einem Blick stellen wir fest: es handelt sich um den Stadtplan von Cottbus.

Stellen wir uns einen Touristen vor, der beispielsweise im Jahr 2005, also fünfzehn Jahre nach der Wiedervereinigung, erstmals die Stadt besucht. Er ist gut vorbereitet und hat sich über die vielen Sehenswürdigkeiten informiert. Bereits am ersten Tag ist er völlig überrascht von den Sehenswürdigkeiten, die nicht in seinem Stadtführer stehen, all die Supermärkte und Tankstellen zum Beispiel. Oder der Tierfriedhof Lankwitz mit seinen lustigen Gräbern. Wo findet man sonst schon eine Grabinschrift wie „Hier ruht Lumpi"?

Oder der Teufelsberg, der mit seinen beeindruckenden 115 Metern Höhe einem Berlinbesucher den unerwarteten Anblick eines majestätischen Alpenpanoramas ermöglicht.

Eine wohlbekannte Sehenswürdigkeit ist das Berliner Olympiastadion. An einem Besuch dieser legendären Sportstätte kommt unser Tourist nicht vorbei, ist es doch eines der schönsten Stadien in ganz Berlin. Erbaut wurde es von 1934 bis 1936, um dann, kurz nach seiner Fertigstellung, als Schauplatz der 11. Olympischen Sommerspiele weltberühmt zu werden. Diese Veranstaltung hat damals Maßstäbe gesetzt, und ist in mancherlei Hinsicht bis heute unerreicht. So sind die Olympischen Spiele zu Berlin die einzigen weltweit, die jemals von dem Sohn eines österreichischen Alkoholikers eröffnet wurden. Diesen Rekord hält Berlin bis heute.

Außerdem, und das wissen die wenigsten, waren die Berliner Spiele die ersten, bei denen der berühmte Fackellauf durchgeführt wurde. Aus Respekt vor Berlin macht man das bis heute. Und schließlich bot die Veranstaltung nicht nur sportliche Unterhaltung, sondern war auch als großangelegtes wissenschaftliches Experiment geplant. Gezeigt werden sollte, anhand einer ziemlich komplizierten Versuchsanordnung, die Überlegenheit der arischen Rasse. Bereits beim Hundertmeterlauf der Herren fiel die Beweisführung eher wenig überzeugend aus.

Überhaupt, dass mit Jesse Owens ausgerechnet ein schwarzer Sportler, noch dazu aus Amerika, der erfolgreichste Teilnehmer war, und bei den Berlinern auch noch zum beliebtesten Sportler avancierte, ließ die Wissenschaftler zweifeln. Leider nur an ihrem Versuchsaufbau. Die Spiele von Berlin konnten ein weiteres Novum aufweisen. Eine gewisse Frau Riefenstahl drehte nämlich während der Veranstaltung gleich zwei Olympiafilme, „Fest der Völker" hieß der eine, „Fest der Schönheit" der andere. Das gab es noch nie. Im Fernsehen liefen die beiden Kunstwerke leider niemals, wahrscheinlich sind sie mit ihren dreieinhalb Stunden einfach zu lang.

Merkwürdigerweise ist das Berliner Olympiastadion nach dem Krieg nicht abgerissen worden, obwohl es doch ein ganz offensichtliches Beispiel für Nazi-Architektur ist. Wie die Jahreszahlen belegen, ist es erbaut worden in den frühen Jahren des Zwölfjährigen Reichs. Vielleicht hatte es damit zu tun, dass im Sommer 1945 ohnehin ganz Berlin in Trümmern lag und man die wenigen Gebäude, die den Krieg unbeschadet überstanden hatten, nicht auch noch kurz und klein schlagen wollte. Obwohl sich das Olympiastadion auf diese Weise viel besser in das damalige Stadtbild eingefügt hätte.

Das Olympiastadion hat heute auch einen eigenen U-Bahnhof, und der heißt, wie kann es anders sein, „Olympia-Stadion". Allerdings ist der Bahnhof etwa einen halben Kilometer vom Stadion entfernt und hätte genau so gut „Rominter Allee" heißen können. Aber man entschied sich für den anderen Namen. Wahrscheinlich, damit die Fußball-Fans genau wissen, wo sie aussteigen müssen.

Auch im Ostteil der Metropole wurde, allerdings nicht vor, sondern vernünftigerweise erst nach dem Weltkrieg, eine vergleichbare Sportstätte errichtet. Sie wurde zunächst nach Walter Ulbricht benannt und erhielt 1973, kaum war der gute Mann verstorben, den Namen „Stadion der Weltjugend". Hier hatten die Verantwortlichen klüger gehandelt, denn der entsprechende U-Bahnhof lag unmittelbar am Stadioneingang.

Bedauerlicherweise gehörte die U-Bahnlinie selbst aber zum Westteil der Stadt, und so war dieser Bahnhof zwischen Mauerbau und Mauerfall 28 Jahre lang dauerhaft geschlossen. Pech gehabt! Aber die Idee an sich war gut. Für unseren Touristen wird die Suche nach dem Stadion der Weltjugend allerdings erfolglos bleiben. Nach der Wende entdeckte man, dass es überhaupt keine Weltjugend gibt, und so wurde das Stadion abgerissen und durch ein nützliches Gebäude ersetzt. Da hätte er eben früher kommen müssen.

Stattdessen kann er eine andere Sehenswürdigkeit besuchen, die deutlich älter als die genannten Stadien ist: das Museum für Naturkunde. Es öffnete bereits 1889 seine Pforten, also genau 100 Jahre vor dem Mauerfall. Gutes Timing! Gut, zugegeben, Museen werden heutzutage irgendwie anders gebaut, und wenn man vor der altehrwürdigen Fassade steht, dann sieht das alles trotz der schmückenden Einschusslöcher aus dem Zweiten Weltkrieg ein wenig antiquiert, altbacken und verstaubt aus.

Nachdem man das Museum allerdings betreten hat, stellt sich ein Moment der Überraschung ein. Von innen sieht es nämlich genauso aus. Um nicht missverstanden zu werden: ich finde das gut so. Ich kann nichts anfangen mit solchen Museen, in denen man ständig irgendwas anfassen und machen muss, und interaktiv an zahllosen Knöpfen herumfummeln soll.

Ich meine, ein Museum soll doch keine Beschäftigungstherapie sein. Ich möchte in Ruhe vor einer Vitrine stehen und schauen, stundenlang, wenn es sein muss. Bereits der erste Saal birgt den Höhepunkt der ganzen Ausstellung, ein Dinosaurier von ungeahnter Höhe. Es ist ein Brachiosaurus, das größte in einem Museum aufgestellte Dinosaurier-Skelett. Weltweit! Ob sich das gigantische Urreptil vor rund 150 Millionen Jahren so etwas hätte träumen lassen? Gefunden wurden die Knochen übrigens Anfang des 20. Jahrhunderts in Deutschland. Das heißt, nicht direkt in Deutschland, sondern mehr in einer deutschen Kolonie, nämlich dem damaligen Deutsch-Ostafrika. Die Naturwissenschaftler waren so begeistert von dem schönen Land, dass sie für die Lieben daheim ein paar hübsche Souvenirs mitbringen wollten. Und da sie den Kilimandscharo ja schlecht mitnehmen konnten, buddelten sie ein paar Knochen aus.

Im Saal nebenan sind kleinere Fossilien ausgestellt, aber auch ganz interessant. Fossilien sind nebenbei gesagt Überreste von Tieren und Pflanzen, die vor Jahrmillionen die Erde bevölkert haben und dann glücklicherweise ausgestorben sind. Hier muss das Museum besonders gelobt werden. Mit ganz einfachen Mitteln, fast spielerisch, wird auch für den Laien verständlich gezeigt, was das heißt, wenn etwas, dass es einmal gab und nun nicht mehr gibt, trotzdem irgendwie seine Spuren hinterlassen kann. Unser Tourist betrachtet sich zum Beispiel ein Fossil und sieht als Fundort angegeben: Karl-Marx-Stadt.

Fünfzehn Jahre nach der Wende ist das ein mutiges Bekenntnis zur politischen Vergangenheit. In der Mineraliensammlung lernen zehnjährige Kinder auf diese Weise die Namen von Städten und Ländern, von denen sie noch nie etwas gehört haben. Etwa an jener schönen Kristallgruppe. Entdeckt wurde sie bei Leningrad. UdSSR. Da kann der Familienvater mit seinem Fachwissen glänzen. Es ist schade, dass diese einmaligen Dokumente nun doch nach und nach entfernt werden.

Der Tourist folgt dem Familienvater in die zoologische Abteilung, zu den Beuteltieren. Die bekanntesten Beuteltiere sind ja die Känguruhs und die Koalabären. Das geheimnisvollste Beuteltier aber ist der Tasmanische Beutelwolf. Er ist deswegen so geheimnisvoll, weil niemand weiß, ob es ihn überhaupt noch gibt. Das letzte bekannte Exemplar starb nämlich in einem Zoo im Sommer 1936, möglicherweise an den Folgen der Olympischen Spiele.

Dieses Tier hat mit unserem Wolf natürlich nichts gemeinsam, außer einer entfernten Ähnlichkeit. Schon die vielen Streifen zu beiden Seiten machen den Tasmanischen Beutelwolf unverkennbar.

Auf einem Monitor läuft in einer Endlosschleife ein erschütterndes Dokument, der flackernde Schwarzweißfilm mit dem letzten Exemplar dieser Art. Damit das Kind auch etwas lernt, erklärt der Familienvater: „Schau mal, Sohnemann, eine Streifenhyäne!"

Ähnlich wie das Stadion der Weltjugend ist leider auch der Palast der Republik ganz aus dem Stadtbild verschwunden, angeblich weil zu viel Asbest beim Bau verwendet wurde. Aber das ist sicher nur eine der vielen Legenden. Überhaupt ranken sich zahllose Legenden um diesen Prachtbau. Zum Beispiel soll er im Sprachgebrauch im damaligen Ost-Berlin den Spitznamen „Erichs Lampenladen" getragen haben. Auf Grund eines Besuches im Palast der Republik im Mai 1985 kann ich jedoch bestätigen, dass es damals in der gesamten Anlage kein einziges Glühbirnengeschäft gab.

Sein Abriss ereignete sich im Jahr 2008, also fast zwanzig Jahre nach der feindlichen Okkupation. Er wird bis heute aus politischen Gründen nebulös verklärt. Um den Gehalt von Asbest in der Bausubstanz als Vorwand für den Abriss des ungeliebten Gebäudes zu nehmen, wurde sicher etwas bewusst falsch interpretiert. Wahrscheinlich wurde nämlich der Architekt während der Planung von einem britischen Journalisten gefragt, wie er den Palast denn anzulegen gedenke, worauf dieser vermutlich etwas verunsichert in holprigem Englisch sagte: „As best as I can".

Unser Tourist fotographiert das Gebäude, ahnt er doch, dass der Abriss nur noch eine Frage der Zeit ist. Schade, in der Glasfront spiegelte sich der Berliner Dom immer so schön und man hatte mit einem Foto zwei Gebäude gleichzeitig abgebildet.

Eine Sehenswürdigkeit der besonderen Art ist das Café Kranzler. Eröffnet wurde es 1825 zunächst in der Friedrichstraße und steht heute am Kurfürstendamm, ist also auch ein Westflüchtling. In den Jahren der deutschen Teilung nannte man es vorausahnend und sehnsuchtsvoll das „Bundeskranzleramt". Da die Berliner alles Süße lieben, besuchen sie gerne diesen Ort, denn hier ist alles süß. Vor allem die Kellnerinnen, deren Schlagfertigkeit oft unterschätzt wird. Besonders von unbedarften Touristen. So gingen wir mal mit einem westdeutschen Besucher in das Café Kranzler und bestellten allerlei Torten, eine Torte Schwarzwälder Kirsch, eine Torte Caramelcreme. Unser Besucher meinte nun, besonders witzig zu sein, grinste und sagte: „Eine Torte Lini". Zehn Minuten später bekam er eine, weichgekocht und mit einem kleinen Salatblatt garniert. Das war 1987, er kam meines Wissens nie wieder nach Berlin.

Die berühmteste Sehenswürdigkeit der Stadt aber, die vor allem durch ihre perfekte Funktionalität in der ganzen Welt geschätzt wurde, war die Berliner Mauer. Vermutlich kamen die meisten Touristen überhaupt nur ihretwegen hierher. Nichts war für den Berlinbesucher aufregender und spannender, als an der Mauer zuzusehen, wie eine Handvoll mutiger Soldaten der Nationalen Volksarmee, lediglich mit ein paar Maschinenpistolen bewaffnet, ihre sozialistische Heimat verteidigten. Und zwar gegen einen zahlenmäßig überlegenen Feind wohlgemerkt!

Zur Erinnerung an diesen denkwürdigen Tag fotographierten die Soldaten ihren politischen Gegner bei der vernichtenden Niederlage und demütigten ihn auf diese Weise. Der spontane Abriss des sozialistischen Grenzwalls mag vielleicht politisch einigermaßen vertretbar gewesen sein, touristisch gesehen war es eine Katastrophe. Bis heute sieht man vereinzelte Urlauber, die sich verzweifelt auf den Weg machen, die letzten Reste der einstigen Umschanzung zu suchen. Und welche Enttäuschung, wenn sie auf ihren anstrengenden Expeditionen nur noch verstreut ein paar lumpige Kubikmeter sowjetischen Stahlbetons vorfinden.

Das große Kulturvolk der Chinesen zeigt, wie man es richtig macht. Statt das nutzlos gewordene Bauwerk einfach niederzureißen, wird es weiterhin ausgebaut, sorgsam gepflegt und den

Touristen zugänglich macht. Wie einfach wäre es gewesen, die Berliner Mauer von Grund auf zu restaurieren, hier und da etwas auszubessern, und auch technisch auf den neusten Stand zu bringen.

Eine Investition, die sich bestimmt gelohnt hätte. Heerscharen von Touristen aus aller Welt hätten mit Schäferhunden einen Patrouillendienst nachspielen können. Sie wären mit Hingabe auf die Wachtürme geklettert und hätten auf Flüchtlinge geschossen. Besonders abenteuerlustige Touristen hätten, natürlich völlig ungeschützt, nach Tretminen suchen können. Und eine Fahrt mit einem militärgrünen Trabant 601 am Grenzstreifen wäre das Erlebnis ihres Lebens geworden. Schade, eine Chance wurde vertan.

P.S.: Ebenfalls nicht mehr vorhanden ist der berühmte Sportpalast. Er war so legendär, bedeutend und geschichtsträchtig, dass man ihn verständlicherweise 1973 abgerissen hat.

Und falls Sie das noch nicht wußten: der Kilimandscharo hieß in der Zeit, in der Tansania noch deutsche Kolonie war, Kaiser-Wilhelm-Spitze. Was für ein beeindruckender Name, vor allem auf Englisch: Kaiser-Wilhelm-Peak.

40. Urlaub in Balkonien

Die Berliner fahren gerne in den Urlaub, besuchen dabei meist die weite Welt, legen stets großen Wert auf kulturelle und intellektuelle Herausforderungen, also Sonne, Strand und Alkohol. Als Großstädter bevorzugen sie vergleichbare Metropolen, vor allem aus dem Mittelmeerraum. Hier können sie Kulturen kennenlernen, Speisen genießen und Sprachen und Musik hören, wie sie es sonst nur aus Kreuzberg gewohnt sind.

Ist einem Berliner eine solche Reise jedoch zu anstrengend oder gar zu teuer, verbringt er seine Ferien auch gerne mal in der Stadt. Tatsächlich ist Berlin ja ein wahres Urlaubsparadies. Kilometerlange Strände aus feinstem Sand und Palmen, kristallklares Meerwasser mit Korallenriffen und tropischen Temperaturen prägen das Bild. Und das Beste: alles ist menschenleer. So war das hier jedenfalls vor etwa 25 Millionen Jahren. Und man wird wohl noch mal genau so lange warten müssen, bis sich diese schönen Zustände wieder eingestellt haben.

Da die Berliner aber nicht so lange warten können, verbringen sie den Urlaub lieber auf dem eigenen Balkon, oder, wie es dann oft heißt: „in Balkonien". Der größte Nachteil dieser Urlaubsgestaltung ist offensichtlich: die schönste Zeit des Jahres beschränkt sich auf die Sommermonate. Kaum vorstellbar, dass es sich ein Berliner freiwillig in Mantel, Pudelmütze und Handschuhen im Januar auf dem Balkon gemütlich machen würde. Zumal auf Grund der räumlichen Enge die Möglichkeiten für Wintersportarten wie Skilaufen oder Eishockey stark eingeschränkt sind.

Auch eines der bekanntesten Urlaubsrituale entfällt leider, nämlich das allseits beliebte Schreiben von Ansichtskarten mit schönen Urlaubsmotiven. Dem stehen aber gewisse Vorteile gegenüber. Zunächst ist der Anfahrtsweg denkbar kurz, und der Gang zu den zwei wichtigsten Institutionen ist ebenfalls nicht lang, zum Kühlschrank und zur Toilette. Wem es peinlich ist, sich keinen teuren Auslandsurlaub leisten zu können, der kann ja Postkarten verschicken und schreibt dabei das Wort Balkon so undeutlich, dass der Adressat glaubt, die Karte käme aus Maze-donien oder dem Kosovo, jedenfalls irgendwas vom Balkan. Auf eine Briefmarke muss dann natürlich verzichtet werden, aber der Angeschriebene freut sich bestimmt über den wohlgemeinten Urlaubsgruß und übernimmt gerne das fällige Strafporto.

So können die Berliner also auf dem Balkon ihren Urlaub ver-bringen und dabei alles genießen, was den Sommer in Berlin so beeindruckend macht, zum Beispiel heftige Gewitterstürme und langanhaltende Hagelschauer. Bei solchen meteorologischen Besonderheiten kann man vom Balkon aus belustigt zusehen, wie Menschen bei stürmischem Regen ohne Schirm durch die Pfützen rennen, und wenn schließlich Radfahrer vom Winde verweht werden, ist das wie großes Kino. Das sind die Motive, die mit dem Fotoapparat für die Ewigkeit festgehalten werden können, und noch die Enkelkinder erfreuen sich später an solchen Urlaubsbildern.

Auch die Sinne werden angeregt, wenn zum Beispiel überall des nachmittags auf den anderen Balkons gegrillt wird. Hier steigt der Duft verbrannter Schweinekoteletts auf, dort der Dampf brutzelnder Bratwürste und irgendwo wird gerade offen-bar eine schmackhafte und intensive Knoblauchsoße angerührt.

Für musikalische Unterhaltung sorgen die Nachbarn ebenfalls, und ein wohlklingendes Nebeneinander von alten deutschen Schlagern, durchdringenden Opernarien und markiger Rockmu-sik macht den balkonischen Urlaub zu einem unvergesslichen Erlebnis. Und bereits nach drei Wochen der Zwangserholung ist es dann wie nach einem Urlaub in der Ferne. Morgen fängt endlich wieder die Arbeit an.

41. Im Freibad

Wer seinen wohlverdienten Sommerurlaub weder im Ausland noch auf dem eigenen Balkon verbringen möchte, für den bietet Berlin eine weitere, überaus feuchte Variante für nervenzerfetzende Entspannung: das Freibad Wannsee. Bereits 1951 befahl die damals achtjährige Cornelia Froboess mit der recht kecken Aufforderung: „Pack die Badehose ein, nimm' dein kleines Schwesterlein, und dann nischt wie raus nach Wannsee!" Nicht alle folgten damals dem aufdringlichen Ruf des minderjährigen Mädchens. So mancher hatte beispielsweise überhaupt kein kleines Schwesterlein. Anderen wiederum mangelte es nach dem Krieg einfach an einer funktionstüchtigen Badehose. Und wieder andere hatten einfach nur Angst, beim Baden erschossen zu werden. Tatsächlich kam es damals durch einen nahegelegenen Übungsplatz amerikanischer Besatzungstruppen immer wieder zu Schussverletzungen ahnungsloser Badegäste. Ob damit aber die Verschmutzung des Wannsees und der benachbarten Gewässer durch erhöhte Bleigehalte zusammenhängt, ist höchst umstritten.

Schon Ulrich Roski stellte etwa 1970 fest: „Da liegt die Havel – schaurig schwammig, oben grün und unten schlammig." Einfühlsamer und schöner ist die Havel nie beschrieben worden. Inzwischen sind jedoch viele wichtige Maßnahmen ergriffen worden, und endlich ist alles noch viel schlimmer.

Besonders an heißen Tagen sind Berlins Freibäder empfehlenswert, denn die höchsten Durchschnittstemperaturen werden mit 24° C im Juli gemessen, bezeichnenderweise der Monat in Berlin mit den höchsten Niederschlagswerten. Aber wenn man sowieso schon mal nass ist, dann kann man sich vor allem zwischen dem 22. und 29. Juli in der warmen Brühe herrlich erfrischen. Da auch Heerscharen kleiner Kinder herumspringen, verläuft alles stets ruhig und gesittet.

Der Besuch eines Freibades an einem glühenden Sommertag ist auch ein aufregendes Experiment der Selbstdisziplin, da einer durchschnittlichen Kleinfamilie nur etwa 2,6 Quadratmeter Liegefläche zur Verfügung stehen, auf der Decke, Kühltasche mit belegten Broten sowie ein Radio und – statistisch gesehen – 1,7 Kleinkinder unterzubringen sind. Außerdem fördert dieses Arrangement den räumlichen Orientierungssinn, gilt es doch nach der Körperbefeuchtung den eigenen Platz wiederzufinden, um zu überprüfen, ob beispielsweise die Geldbörse noch da ist. Immerhin bietet sich hier ja auch die Möglichkeit, völlig überteuerte Limonade und Bier zu kaufen. Leider muss gelegentlich die Rotkreuz-Station immer wieder Schnittwunden versorgen, weil Scherben von Bierflaschen herumliegen. Amputationen werden aber nur sehr selten durchgeführt.

Man sollte übrigens nicht zu weit hinaus schwimmen, obwohl der Fluchtgedanke naheliegend erscheint, denn man kann dabei rasch nicht nur die Orientierung verlieren, sondern auch leicht das Leben. Zum Beispiel dann, wenn man versehentlich in die Schiffsschraube eines der vielen Ausflugsdampfer gerät.

Während unten die Schiffsschraube unermüdlich ihren Dienst tut, sitzen oben auf dem Sonnendeck zahlreiche vorzugsweise ältere Personen, die sich Bier und Bockwurst oder Kaffee und Kuchen einverleiben. Dabei winken sie gerne mit Taschentüchern ihren Leidensgenossen auf den entgegenkommenden Dampfern zu. Glücklicherweise verzichten sie dabei auf das Absingen altdeutscher Seemannslieder.

42. Im Fitness-Studio

Das Leben in einer Großstadt wie Berlin ist zwar von allgemeiner Hektik geprägt, etwa stressiges Fahrstuhlfahren oder mit dem Auto im Stau unterwegs sein. Dennoch: die eigene körperliche Betätigung kommt dabei meist zu kurz. Ich selbst fing irgendwann an, jeden Tag eine halbe Stunde mit ganz normalem Tempo zur U-Bahn zu laufen. Etwas Bewegung soll ja gut tun. Aber die Deutschen lassen sich bekanntlich gerne organisieren, und so wurde irgendwann die sogenannte Trimm-Dich-Bewegung erfunden. Als Ort dieser körperlichen Ertüchtigung wurde der Wald ausgesucht, denn der kann sich ja dagegen nicht wehren. Nun konnte man diese Trimm-Dich-Pfade aber nicht einfach so benutzen. Nein, zur Grundausstattung gehörten moderne Trainingsanzüge, flexible Sportschuhe und Schweißbänder, alles farblich sensibel aufeinander abgestimmt. Denn es ging ja nicht nur um Bewegung, sondern um Sehen und Gesehen werden.

Diese sportliche Betätigung hatte allerdings zwei Nachteile. Erstens musste das Wetter mitspielen. Regnete es, war es kalt und windig, oder schneite es sogar, machte das Ganze irgendwie keinen Spaß. Und schließlich erwies sich als Nachteil, dass man oft genug ganz alleine den Trimm-Dich-Pfad abarbeiten musste. Man sah niemanden und – schlimmer noch – man wurde nicht gesehen. Höchstens mal von ein paar herumstreunenden Wildschweinen, die sich über das alberne Gehopse der buntgekleideten Zweibeiner amüsierten.

Und so wurden sportbegeisterte Großstädter in sogenannten Fitness-Studios zwangsversammelt. Auch hier gibt es eine besondere Art von Kleiderordnung, denn das Motto vom Sehen und Gesehen werden gilt auch hier und zwar je nach Neigung vom eigenen oder vom anderen Geschlecht. Vor allem junge Frauen in enganliegender, körperbetonter Gymnastikkleidung fühlen sich oft blöd angegafft und belästigt. Selbst wenn dieser Effekt beabsichtigt war. Es dauerte nicht lange und das erste

Fitness-Studio nur für Frauen wurde eröffnet. Ein Fitness-Studio nur für Männer gibt es bis heute nicht. Auf meinem halbstündigen Spaziergang komme ich jeden Tag an einem solchen Fitness-Studio vorbei. Schon von außen fällt sofort auf, dass dieses Studio etwas besitzt, was jedes gute Fitness-Studio besitzen sollte: einen riesengroßen Parkplatz. Schließlich laufen die Sportverzückten nicht zum Fitness-Studio, das wäre viel zu anstrengend. Und so sieht man – möglichst nah am Eingang – stets rote, elegante Sportwagen stehen.

Ist der Tempel der körperlichen Ertüchtigung betreten, bieten sich nun dem Besucher unglaublich viele verschiedene Möglichkeiten, irgendwie auf vielfältigste Weise sein Geld loszuwerden. Egal ob mit einer Jahres- oder Tageskarte: hier können durch ausgetüftelte Sportgeräte Muskeln in eine Form gebracht werden, wie es von der Evolution des Menschen gar nicht vorgesehen war. Vor allem die Lachmuskeln, wie Insider vermuten.

Gute Fitness-Studios wissen natürlich um den Zusammenhang zwischen gezielter Bewegung und gesunder Ernährung. Und so gibt es bisweilen auch eine Speisekarte. Gut, es ist alles ein bisschen teurer als in normalen Restaurants. Aber es gibt einen großen Vorteil. Man ist mit dem Essen nämlich schneller fertig als üblich: ein paar transparente Gurkenscheiben, ein winziges Stück Rinderfilet und drei frische Zwergmöhrchen bilden eine gastronomische Wohltat.

Beim Verlassen des Studios erweist es sich erneut als nützlich, einen Parkplatz möglichst nah am Eingang gefunden zu haben, denn dadurch erspart man sich lästige Anstrengungen, und der durchtrainierte Vollathlet kann sich sofort erschöpft und hungrig in seinen Sportwagen fallen lassen.

Ich weiß nicht, ob es ein seltsamer Zufall ist, aber kaum hatte das Fitness-Studio seine Pforten geöffnet, wurde nur ein paar hundert Meter entfernt die Filiale einer bekannten amerikanischen Fast-Food-Kette eröffnet. Sie besitzt einen riesengroßen Parkplatz, und – möglichst nah am Eingang – sieht man stets rote, elegante Sportwagen. Man gönnt sich ja sonst nichts!

43. Eine Busfahrt

Wer in Berlin unterwegs sein muss und dabei gerne auf das eigene Auto verzichten will, hat hier viele Möglichkeiten. Neben der U-Bahn gibt es die S-Bahn und auch eine Straßenbahn. Oder man nimmt sich ein Taxi. Man kann auch mit dem Fahrrad unterwegs sein, oder, wenn es denn gar nicht anders geht, laufen. Und schließlich gibt es noch ihn: den guten alten Omnibus. Hier hat der Fahrgast die Gelegenheit, bequem am Fenster zu sitzen und die Stadt an sich vorüber ziehen zu lassen, all die Häuserfronten, Müllwagen und Kaufhäuser. Mit anderen Worten: ein idealer Platz, um ein Buch zu lesen.

Da nimmt ein Paar mittleren Alters mir gegenüber Platz. Einem Aufnäher auf einer Stricktasche entnehme ich, dass sie Anhänger der Grünen sind. Ich gebe zu, ich denke manchmal zu sehr in Klischees, aber ich glaube, in diesem Fall hätte ich das auch so bemerkt. Ich finde es großartig, dass eine Fahrt mit dem Bus nicht nur der Fortbewegung dient, sondern auch als Ausdruck der eigenen politischen Sorge um unsere Umwelt verstanden werden kann. Ich bin gerührt. Es müsste mehr Menschen wie diese beiden geben.

„Wann bekommst Du noch mal den Führerschein zurück?" fragt die Frau. „In zwei Monaten" antwortet der Mann. Mit dem Gedanken, dass beide ganz sicher ein umweltschonendes Auto haben und dies auch nur im äußersten Notfall benutzen, rette ich meine Illusion. Nun kramen sie gesellschaftskritische Zeitungen hervor, um sich eine politische Meinung zu bilden, es muss ja schließlich nicht immer die eigene sein. Sie sind jedenfalls keine verblödeten, stromlinienförmigen Jasager – nein, sie sind kritisch und reflektiert, schauen hinter die Fassade und wollen es ganz genau wissen. Gerade diskutieren sie die aktuelle Reise des Papstes in irgendein Land der Dritten Welt. Sie fordern energisch die Abschaffung der Religionen – jedenfalls der katholischen – und geißeln in scharfen Worten die archaische und menschenverachtende Struktur der Kirche.

Ich könnte sie umarmen und stimme ihnen innerlich zu. Allein schon die symbolträchtige Verwendung dieser uralten Namen wie Pius, Urban und Benedikt sei anachronistisch, wettert die Frau und der Mann schlussfolgert, welchen jungen Menschen das denn heutzutage noch ansprechen soll, da müsste ein wenig Pep rein. Wieder stimme ich ihrer überzeugenden Argumentationskette zu. Ich versuche mir allerdings vorzustellen, wie das in der Praxis aussehen soll. Ich meine, wie klingt denn das, Papst Kevin VII? Oder, wenn es irgendwann eine Päpstin geben würde, wie hieße die dann? Mandy I?

Der Bus steht nun schon eine ganze Weile an einer Haltestelle und ich sehe auch warum. Der Fahrer war ausgestiegen und hatte einer Kollegin Platz gemacht, die das Lenkrad selbstbewusst übernimmt. Wir werden nun also von einer Frau gefahren. Und das merkt man sofort. Bis eben war die Fahrt etwas zögerlich und schleppend gewesen, der Fahrer hatte einen defensiven Fahrstil gepflegt.

So, dass ich fast zu ihm gegangen wäre und am liebsten gesagt hätte: „Na, ich geh schon mal vor". Nein, das ist jetzt anders. Diese Busfahrerin weiß, wozu das Gaspedal da ist. Gut, wer im Bus steht, der soll sich halt festhalten. Ich sage immer: „Ich weiß nicht, ob Frauen gut oder schlecht einparken können, aber Auto fahren können sie in jedem Fall besser!"

Jedenfalls besser als ich. Der recht robuste Fahrstil ist auch dem kirchenkritischen Duo nicht entgangen. „So ein fieser Macho, der will doch mit seiner aggressiven Fahrweise nur seinen Frust ablassen!" schimpft die Frau. „Typisch Mann!" ergänzt der Mann. Und der muss es ja wissen.

Ich mache die beiden darauf aufmerksam, dass der Fahrer nunmehr eine Fahrerin ist und bin beeindruckt von ihrer geistigen Flexibilität. Der Fahrstil, der eben noch „aggressiv" war, wird nun uminterpretiert in „sportlich". Und die ganze Situation gilt ihnen als überzeugender Beleg dafür, dass selbstbewusste Frauen ihren Platz in der modernen Gesellschaft inzwischen erkämpft haben. Ich glaube, Anhänger anderer politischen Gruppierungen hätten diesen raschen Sinneswandel so nicht hinbekommen, weder die der großen Volksparteien noch die der SPD.

Offenbar haben die beiden gleich ihr Ziel erreicht, denn während der Bus wie ein geölter Blitz über die Straßen fliegt, beginnen sie, sich mit selbstgedrehten Zigaretten zu versorgen. Na, denke ich, ob das wohl gut für unsere Umwelt ist? Aber vielleicht ist es eher eine symbolische Handlung. Wahrscheinlich gibt es im Moment eine Aktionswoche, so etwas wie „Rauchen für den Frieden". Fast schäme ich mich dafür, dass ich als Nichtraucher von diesem Akt der Humanität ausgeschlossen bin. Silvester werde ich mir vornehmen, nächstes Jahr endlich mit dem Rauchen anzufangen.

Die beiden verlassen den Bus in einer dichten Rauchwolke. Da bemerke ich, dass unter dem Sitz ein Buch liegt, das dort jemand verloren hat. Da es in einem grauen Schutzumschlag eingebunden ist, und ich nicht sofort erkennen kann, worum es sich dabei handelt, schlage ich das Buch irgendwo in der Mitte auf. Ich bin entsetzt. Da steht doch tatsächlich – und ich zitiere vorsichtshalber wörtlich: „Forderungen der Neger, die gestern Bewunderung und Unterstützung fanden, sind heute – für viele – lästig, ungerechtfertigt und eine Störung der Lebensfreude."

Ich bin vollkommen sprachlos. Wie kann man denn das diskriminierende Wort „Neger" verwenden? Man sollte diesen rassistischen Schmierfinken anzeigen. Ich schaue nach, um wen es sich dabei handelt – und nehme dann Abstand von meiner Idee. Denn erstens ist der Autor schon lange tot, und zweitens heißt er Martin Luther King. Ach ja, die guten alten Sechziger Jahre, wo es nur auf den Inhalt und nicht auf die Form ankam.

Der Bus hat inzwischen die Endhaltestelle erreicht. Ich beschließe, das Buch einfach als das zu nehmen, was es ist: eine Fundsache. Und Fundsachen gibt man in einem Fundbüro ab, oder – und das halte ich in diesem Fall für sinnvoller – beim Fahrer, beziehungsweise hier bei der Fahrerin. Ich gehe also nach vorne. Zunächst beglückwünsche ich die Busfahrerin in überschwänglichen Worten für ihre erfrischende Fahrweise. Dann zeige ich ihr die Fundsache, erkläre ihr, dass ich das Buch soeben im Bus entdeckt hätte, wo es wohl jemand verloren haben muss. Na, das ist eine Überraschung. Das Buch gehört ihr selbst, sie habe es erst vor ein paar Tagen im Bus liegengelassen und schon die ganze Zeit gesucht. Sie strahlt über das ganze Gesicht voller Freude. Schließlich ist sie ja selbst eine Schwarze.

P.S.: Das Zitat von Martin Luther King ist nicht etwa erfunden, sondern stimmt. Entnommen ist es seinem Buch „Wohin führt unser Weg", was sich ja auch frei mit „Quo vadis?" übersetzen ließe. Es stimmt auch, dass ich das Buch gefunden habe. Allerdings nicht in einem Bus, sondern auf einem Flohmarkt. Eine Busfahrt in Berlin blieb mir in besonderer Erinnerung. Eine junge Frau war eingestiegen und telefonierte mit ihrer besten Freundin. Sie schilderte ihr in allen denkbaren Einzelheiten eine Operation am linken Ohr, die sie gestern über sich ergehen lassen musste. Jeder unerwartete Bluterguss, das tiefe Herumstochern von Messern und Skalpellen im wunden Fleisch wurde thematisiert und ich fühlte, wie mir schlecht wurde. Sie setzte die Schilderung der erlittenen Höllenschmerzen fort. In voller Dankbarkeit ergriff mich eine Ohnmacht, aus der ich bereits nach wenigen Stunden wieder erwachte.

44. Evolution einer Großstadtdroge

Archäologische Funde belegen, dass Menschen seit jeher Drogen zu sich nehmen. Die Bereitschaft, solche gefährlichen Substanzen zu verwenden, scheint in Städten besonders groß zu sein. Vielleicht ist es ja die räumliche Enge, die dazu führt, mit dem Drogenkonsum, wenn schon nicht die eigene Wohnung, so doch wenigstens das Bewusstsein zu erweitern. In einer Großstadt lernen Menschen bereits in jungen Jahren, mit Drogen umzugehen. Man muss ja schließlich gerüstet sein, wenn man irgendwann mal in die Schule kommt.

Die Palette an Drogen ist reich. Sie beginnt mit alltäglichen Stoffen wie Nikotin und Alkohol und endet mit Suchtmitteln, von denen man nie wieder loskommt: Kokain, Heroin, Zimtschokolade. Drogenkonsumenten wissen natürlich, dass die Einnahme artfremder Substanzen ihre Gesundheit schädigt und sogar zum Tod führen kann. Aber Drogen haben auch ihre guten Seiten. So kann man mit Herstellung und Vertrieb viel Geld verdienen. Und genau hier steckt das Dilemma, denn wenn jemand an den Drogen verstirbt, fällt er als Kunde langfristig aus.

Es muss wohl so um 1980 gewesen sein, als sich verantwortungsvolle Experten zusammensetzten und erstmals die missliche Lage diskutierten. Dabei entstand ungefähr folgender Gedankengang. Man müsste eine Droge entwickeln, die völlig legal ist und mit der man gutes Geld verdienen kann. Sie soll zwar süchtig machen, darf aber nicht unmittelbar zum Tod führen.

So wurde das Handy erfunden. Genau genommen ist die Erfindung dieser Droge nicht so revolutionär, wie sie uns im nachhinein erscheinen mag, denn das Telefon gab es schon seit Jahrzehnten. Neu war lediglich, dass man bei seiner Nutzung nicht an einem bestimmten Ort festgelegt war. Man brauchte also nicht mehr ausschließlich im Wohnzimmer telefonieren, sondern konnte sich dabei im gesamten Heim frei bewegen. So war es endlich möglich, das Telefon mit auf die Toilette zu nehmen.

Mutige Telefonpioniere entdeckten schließlich, dass es sogar möglich war, die Wohnung vollständig zu verlassen, ohne dass es zu einem Ende des Gesprächs kam. Zunächst betätigte man sich noch etwas unsicher auf dem Balkon oder der Terrasse, schließlich sogar auf dem Kinderspielplatz. Kurzum: das Telefonat wurde öffentlich und ermöglichte es den Handynutzern ohne großen Aufwand, seinen Mitmenschen dauerhaft auf die Nerven zu gehen.

Diese Belästigung gelingt zum einen durch das Gespräch, das mitgehört werden muss, und dessen Inhalt niemanden interessiert. Wahrscheinlich nicht mal den Angerufenen selbst. Zum anderen schaffte es die Werbe-Industrie, den Menschen erfolgreich einzureden, wonach jedes Handy unbedingt seinen eigenen Klingelton besitzen muss. Angeboten werden alle denkbaren Geräusche. Wahrscheinlich kennt jeder diese peinlichen Situationen, wenn man etwa in einem vornehmen französischen Restaurant gerade eine bretonische Austernsuppe löffelt, und dann erklingt vom Nebentisch plötzlich ein Tarzanschrei. Und wie oft beobachtet man Autofahrer, die eine Feuerwehrsirene hören und vorsichtig an den Straßenrand fahren, bis sie endlich bemerken, dass das warnende Geräusch aus der eigenen Hose kommt.

Zwischen einem Handy und den herkömmlichen Drogen gibt es zwei wesentliche Unterschiede. Zum einen wird es, anders als sonst üblich, nicht auf irgendeine Weise körperlich eingenommen. Es sei denn, die Geräte sind eines Tages so winzig, dass sie versehentlich von einem Kleinkind verschluckt werden können. Dann kann man ungefähr einen Tag lang nicht telefonieren. Das hängt von der Darmaktivität des Kindes ab. Nebenbei bemerkt, auch in diesem Fall ist der Klingelton „Tarzanschrei" von Nachteil. Vor allem nachts.

Der zweite Unterschied ist von subtilerer Natur. Gewöhnliche Drogen werden bekanntlich verwendet, bis die Wirkung vorbei ist. Dann nimmt man sie in mehr oder weniger regelmäßigen Abständen erneut ein. Nicht so das Handy. Ist soeben ein zweistündiges Telefonat beendet, dann klingelt es erneut, und man kann weitere Stunden mit belanglosen Plaudereien verschwenden. Das Prinzip der unbegrenzten Nutzung ist von den anderen Drogen völlig unbekannt. Oder können Sie sich eine Flasche Rotwein vorstellen, aus der man unendlich viel trinken kann? Dabei muss man sich klar machen, was diese Besonderheit bedeutet. Der bislang eingeschlagene Trend der technischen Evolution zum „Fasse Dich kurz!" wurde mit einem plötzlichen „Unendlich viel telefonieren!" quasi in sein genaues Gegenteil verkehrt, ein in der Geschichte der Menschheit einmaliger Vorgang. Aber wieder entstand ein Problem. Wussten die meisten Menschen früher spätestens nach fünfzehn Minuten nicht mehr, worüber man noch reden könnte, wird man nun zu einem zeitlich unbegrenzten Dialog regelrecht gezwungen. Worüber aber reden Menschen eigentlich, wenn sie die Freiheit genießen müssen, unendlich viel zu telefonieren?

Die älteste Strategie bestand darin, alles, aber auch wirklich restlos alles zum Thema zu machen, bis hin zum Fußpilz des Gatten. Oder der Schuppenflechte am Darmausgang der Freundin. Da die Gespräche der allgemeinen Öffentlichkeit ausgesetzt sind, hat man als zufällig vorbeigehender Passant die Möglichkeit, viel über Krankheiten und ihre Heilungsmethoden zu erfahren. Eine andere Vorgehensweise ist ursprünglich von Frauen erfunden und perfektioniert worden. Sie geben den Inhalt eines dreistündigen Telefonats anschließend einfach im Maßstab 1:1 an ihre beste Freundin weiter. Auf diese Weise haben sie nicht nur die eigene Sprechzeit verlängert, sondern bieten so der guten Freundin die Möglichkeit, nun ihrerseits den Inhalt weiterzuleiten. Es entstand so etwas wie ein Kreislauf der Gespräche. Denn es konnte passieren, dass die erzählte Geschichte drei Tage später zu einem zurückkehrte. Natürlich klärt man in diesem Fall den Gesprächspartner auf, dass der Inhalt längst bekannt ist. Am besten gegen Ende des Telefonats.

Männer verfolgen dabei gewöhnlich andere, eher praktische Strategien. So sah ich in den öffentlichen Verkehrsmitteln einen Mann, der in gestoppten 22 Minuten sieben verschiedene Personen anrief, um ihnen drei wesentliche Informationen zu liefern, nämlich wo er sich gerade befindet, dass er später noch mal anrufen würde, und dass er dieses auch schon dem Dieter, der Jutta und dem Jürgen erzählt hätte. So wissen endlich alle was los ist.

Und quo vadis Handy? Wie die Entwicklung des Handys weitergehen wird, darüber kann zurzeit nur spekuliert werden. Es ist natürlich vorstellbar, dass der inflationäre Gebrauch von Handys irgendwann eingeschränkt wird. Tatsächlich, schon nach einiger Zeit wurde zum Beispiel der Genuss vom Handy im eigenen Auto verboten. Dennoch, die Beherrschung der allgemeinen Öffentlichkeit durch brüllende Männer und Frauen, die dabei unruhig hin und her gehen, wird sich vermutlich kaum noch aufhalten lassen. Und das könnte fatale Konsequenzen haben.

So wird es in einem Konzertsaal künftig Orchestermitgliedern nicht gestattet sein, zu musizieren, wenn im Publikum telefoniert wird. Manche werden sich so daran gewöhnen, nur in Gegenwart von anderen Menschen telefonieren zu können, dass sie etwa nach einem Kinobesuch den Saal verlassen und in ihr Handy schreien: „Tut mir leid, ich muss jetzt Schluss machen, ich gehe gerade aus dem Kino, bin aber gleich in der U-Bahn und melde mich dann wieder!"

In den Kinos wird daher der gute alte Stummfilm eine unerwartete Renaissance erleben, weil man nunmehr einen Film schauen und gleichzeitig bequem telefonieren kann. Es lässt sich nur erahnen, wie auf diese Weise die alten Filme völlig neue Inhalte bekommen werden. Läuft auf der Leinwand beispielsweise eine Szene, in der Rodolfo Valentino schmachtend einer orientalischen Schönheit in die Augen blickt und etwas sagt, ohne dass man etwas hört, könnte genau in diesem Augenblick im Publikum ein besorgter Ehemann mit seinem Handy die Gattin fragen: „Was gibt's denn heut zu essen?" Der Lacherfolg ist garantiert.

Sehr unangenehm ist leider, dass die Handyabhängigen so unzuverlässig geworden sind. Einmal war ich mit jemand verabredet, der eine halbe Stunde zu spät kam. Er entschuldigte sich mit den Worten, ihm sei sein Handy geklaut worden, und er habe sich daher ein neues besorgen müssen. Seltsam, denke ich, mir ist zuhause mein Telefon noch nie gestohlen worden.

Jedes Telefonat beginnt üblicherweise damit, sich gegenseitig ausführlich zu erklären, wo man gerade sei. Seltsam, wenn ich meine Mutter anrufe, weiß ich immer genau, wo sie ist. Zuhause. Im Wohnzimmer. Und zwar ungefähr da, wo das Telefon steht. Nach einem belanglosen Mittelteil folgt dann gewöhnlich schon ein paar Stunden später das Ende des Gesprächs. Die Schlussformeln sind immer dieselben, denn es gibt eigentlich nur zwei, entweder: „Wir können ja noch mal telefonieren!" oder, noch öfter: „Bis gleich!"

Die bedenkliche Abhängigkeit von Menschen beschränkt sich aber nicht nur auf das Handy. So ist etwa nach der Einführung von kleinen und handlichen Taschenrechnern die Fähigkeit des Kopfrechnens völlig verloren gegangen. Wer kann heute schon so einfache Rechenaufgaben lösen wie zum Beispiel 23,5 mal 17 geteilt durch 45,6? Das konnte früher jedes Schulkind.

Auch andere Wunder der modernen Unterhaltungselektronik vermögen Personen beiderlei Geschlechts regelmäßig zu suchtähnlichem Verhalten zu verführen. So gibt es ein völlig nutzloses und überflüssiges Gerät, ohne dass manche Leute dennoch einfach nicht mehr leben können: die Rede ist vom Navigationssystem.

Menschen, die schon jahrzehntelang beim Bäcker gegenüber jeden Morgen ein paar Brötchen gekauft haben, sehen sich plötzlich nicht mehr in der Lage, sicher den Weg dorthin zu finden, wenn sie nicht vorher eine halbe Stunde lang alle notwendigen geographischen Koordinaten eingegeben haben. Ist dieser Vorgang vollzogen, erläutert eher eine monoton klingende Stimme, was denn nun zu tun sei: „Öffnen Sie die Tür, überqueren Sie die Straße und betreten Sie das Ziel". Wo soll das bloß enden?

45. Let the sunshine in

Zwischen Technik und Kunst gibt es einen wichtigen Unterschied. Das Bildnis der Mona Lisa von Leonardo da Vinci zum Beispiel dürfte das bekannteste Gemälde der Welt sein. Jedenfalls ist es eines der teuersten. Bis heute rätselt die Kunstwelt, was ihr geheimnisvolles Lächeln bedeutet. Wahrscheinlich lächelt sie ja gerade darüber. Das Bild ist deshalb so vollkommen, weil der Maler wusste, wann es fertig ist. Sicher, er hätte einfach noch weitermachen können und ihr einen Strohhut oder eine lustige Sonnenbrille aufmalen können. Aber nein, Leonardo da Vinci wusste, wann er mit seiner Arbeit aufhören musste. Er war eben ein Genie.

Techniker und Ingenieure sind es leider nicht. Sie wissen nicht, wann sie aufhören müssen, und sie haben auch keine Ahnung, wann ihre Erfindung fertig ist. Sie müssen immer weiter entwickeln und verbessern, ohne zu merken, wann eigentlich das Optimum überschritten ist. Und das hat manchmal furchtbare Folgen, wie die folgende Episode zeigt.

Mein Büro in der Universität hat zwei Fenster, die beide nach Süden zeigen. Da sich draußen weder Bäume noch Häuser befinden, würde zwischen März und Oktober – genau genommen auch zwischen November und Februar – ständig die Sonne hinein scheinen. Der Raum war also als Arbeitsplatz nur benutzbar, weil an den Fenstern seit Jahrzehnten Jalousien angebracht waren, die den Eintritt der lästigen Sonnenstrahlen erfolgreich abwehren. Mit einem Band konnten sie hoch und runter gezogen werden, und mit einer Kurbel ließ sich die Position der Lamellen verändern. Aber gewöhnlich verblieben sie dauernd in der gleichen Position. Es waren ganz altmodische Jalousien – anders gesagt: sie funktionierten.

Man mag sich daher meine Überraschung vorstellen, als ich an einem sonnigen Tag im August beim Betreten des Büros feststellte: die Jalousien waren weg, der Raum gänzlich lichtdurchflutet.

Ein Arbeiter mit südländischem Aussehen berichtete, alles würde zurzeit renoviert werden, die Jalousien wären aber bereits in drei Tagen wieder da. Und das sagte er übrigens in einem einwandfreien Türkisch. Tatsächlich, drei Tage später waren die Jalousien wieder dran. Nur die Bänder und die Kurbeln waren offenbar vergessen worden. Mir wurde mitgeteilt, dass die Jalousien jetzt per Knopfdruck funktionieren würden. Elektronisch wohlgemerkt! Welch grandioser Sieg moderner Technik. Allerdings, wie man im Zeitalter des weltweiten Energiesparens auf eine solche Idee kommen konnte, blieb unklar.

Beim Betätigen des Knopfes geschah nun etwas sehr Ungewöhnliches. In einem aufreizend langsamen Tempo bewegten sich die Jalousien mit der Geschwindigkeit einer gelähmten Weinbergschnecke nach unten. Millimeter für Millimeter arbeiteten sie sich verbissen vorwärts. Aber schön laut. Ein Gespräch mit dem Arbeitskollegen über diese segensreiche Erfindung war in diesen Minuten nicht möglich. Unten angekommen, brachten wir die Lamellen in eine uns sinnvoll erscheinende Position und glaubten nun, uns um dieses Wunder der modernen Technik nicht weiter kümmern zu müssen. So kann man sich irren.

Denn nach einer Stunde geschah wieder etwas Seltsames. Plötzlich kam von den Fenstern her ein lautes klatschendes Geräusch, welches dadurch entstand, dass sich die Lamellen plötzlich allesamt hochkant gestellt hatten. Automatisch, von ganz allein. Das hatte zur Folge, dass es im Büro auf einmal stockdunkel war. Und dann bewegten sich die Jalousien in ihrem atemberaubenden Tempo mit der bekannten Lautstärke nach oben. Millimeter für Millimeter kämpften sie sich vorwärts, obwohl doch niemand den Knopf betätigt hatte.

Also stand ich auf und drückte denselben, um diesen ungewollten Vorgang abzubrechen. Doch die Jalousien gehorchten nicht ihrem neuen Herrn. Auch nicht, nachdem der energieverbrauchende Vorgang erfolgreich abgeschlossen war. Offenbar mussten sich die Jalousien erst einmal ausruhen. Nach etwa dreieinhalb Minuten konnte man sie unter den bekannten Begleitumständen wieder in die gewünschte Position bringen. Dieses seltsame Schauspiel ereignete sich an diesem Nachmittag noch drei- oder viermal.

In den folgenden Tagen waren die Mitarbeiter im Wesentlichen damit beschäftigt, sich von den autonomen Jalousien nerven zu lassen. Nach einer Woche – ein erster Kollege musste bereits in psychiatrische Behandlung gebracht werden – schlug die große Stunde von Benjamin. Er entdeckte, dass die wildgewordenen Jalousien nicht nur per Knopfdruck betätigt werden konnten, sondern, dass die gesamte Anlage zusätzlich durch ein raffiniert ausgeklügeltes Lichtmess-System auf dem Dach gesteuert wurde. Schob sich eine dunkle Wolke vor die Sonne, so erkannte das System diese Veränderung und beschloss, alle Jalousien nach oben zu fahren. Durch einen Minicomputer im Gebäude wurden diese grausamen Befehle an die Jalousien weitergegeben.

Benjamin erkannte auch, dass dieses Lichtmess-System durch zahlreiche Faktoren beeinflusst werden konnte, wie Lichtintensität, Temperatur, Luftfeuchtigkeit, Tageszeit und Windstärke, und dass es ungefähr 32000 verschiedene Kombinationen gab, wann und warum die Jalousien ihre Befehle erhielten. Durch einen einfachen Trick gelang es unserem tapferen Kollegen, die Automatik abzustellen. Von da ab gingen die Mitarbeiter wieder ihrer gewohnten Tätigkeit nach, und auch der in die Psychiatrie eingelieferte Kollege erholte sich bald. Danke, Benjamin!

Ach so, sein Trick bestand übrigens darin, den Computer so zu manipulieren, dass die Automatik sich erst einschalten kann, wenn draußen eine Lufttemperatur von mehr als 98° Celsius herrscht. Das kommt auch in Berlin nur selten vor.

P.S.: Die Geschichte ist, von zwei winzigen Details abgesehen, wahr und hat sich genau so in einer Berliner Universität abgespielt. Wir haben später erfahren, dass solche selbständigen Jalousien gerne in Krankenhäusern und Altenheimen eingesetzt werden, wo Menschen bettlägerig, demenzkrank und hilflos sind.

Da kann man mal sehen, was die öffentliche Verwaltung über die Mitarbeiter der Universitäten denkt.

46. Werbung ist alles – alles ist Werbung

Hat man irgendetwas produziert und will es verkaufen, so muss man dafür sorgen, das Produkt der Öffentlichkeit anzubiedern. Die Berliner waren diesbezüglich seit jeher recht zeigefreudig was ihre Erzeugnisse angeht. Kein Wunder also, dass ausgerechnet in dieser Stadt ein gewisser Ernst Litfaß bereits 1854 eine Säule aufstellte, um sie mit Werbeplakaten zu bekleben, die sogenannte Annonciersäule.

In der Großstadt begegnet man heute der penetranten Werbung inzwischen auf Schritt und Tritt. Bereits beim Verlassen der Wohnung findet man im Postfach Werbezettel und Reklame für dieses und jenes, vor allem dann, wenn man am Postfach „Bitte keine Werbung!" angemahnt hat. Man kann ihr einfach nicht entgehen und bekommt Informationen über Produkte, die man dringend braucht, also günstige Telefontarife, teure Autos und alkoholfreies Bier. Das gilt erst recht auf Berlins Straßen. Auf überdimensionalen Plakaten werden lebensnotwendige Dinge angepriesen, also günstige Telefontarife, teure Autos und alkoholfreies Bier.

Manchmal kann das recht gefährlich werden, etwa wenn aufregende junge Frauen für zarte Damenunterwäsche werben, da kann es leicht mal zu Auffahrunfällen kommen. Wer weiß, vielleicht werden solche Plakate ja direkt von Autofirmen finanziert. Manche Straßenwerbung gibt es nur alle paar Jahre, etwa wenn Wahlkampf ist. Auch hier sieht man auf riesigen Flächen Damen und Herren, die alle das Gleiche versprechen, obwohl sie in verschiedenen Parteien sind: weniger Steuern und mehr Wohlstand. Sogar für alle. Unterscheiden kann man die Parteien meistens leicht an ihren Namen. Überraschenderweise wollen alle auch die Arbeitslosigkeit abschaffen. Das ist mal ein guter Gedanke. Und alle betonen, nur sie könnten es am besten. Die abgebildeten Personen sehen auch alle irgendwie gleich aus und man ahnt: zu einem richtigen Beruf hat es offenbar nicht gereicht.

Hier kommt es verständlicherweise nur selten zu Auffahrunfällen. Werbung befindet sich auch im öffentlichen Nahverkehr, etwa auf Bussen. Das hat den Vorteil, dass der Fahrgast hier nicht mehr aus dem Fenster sehen kann. Und schließlich gibt es Werbung auch in Sportstadien, für die Besucher oft die einzige Möglichkeit, sich ein bisschen die Zeit zu vertreiben.

Die klassische Litfaßsäule hingegen ist leider am Aussterben. Stattdessen kann es passieren, dass man des Abends gemütlich vor dem Fernseher sitzt und plötzlich einen Anruf von einem Call-Center erhält, ob man denn nicht Interesse an diesem oder jenem Produkt hätte, also an günstigen Telefontarifen, teuren Autos und alkoholfreiem Bier.

Überhaupt, auch im privaten Bereich wird man von der allgegenwärtigen Werbefolter nicht verschont. Reklame in Fernsehen wird bekanntlich durch Ausschnitte irgendwelcher Spielfilme unterbrochen. Im Kino ist das viel besser organisiert, erst kommt die Werbung, und wer dann noch bleiben will, kann sich ja noch den Film ansehen. In der Kinowerbung wird auch oft gezeigt, welcher Film demnächst hier zu sehen ist. Aber das ist Unsinn, man sollte lieber zeigen, welche Werbung dann zu sehen ist.

In Zeitungen finden sich manchmal ganzseitige Werbeanzeigen. Man sieht etwa einen einsamen Cowboy, am Lagerfeuer mit einer Zigarette, und dann steht das was von Freiheit. Vermutlich eine Art von Solidarität mit den Obdachlosen der Stadt.

Besonders enttäuschend ist immer die Reklame für Waschpulver, denn sie verspricht das sauberste Superultraweiß aller Zeiten mit so schönen Sätzen wie „So weiß war's noch nie!" oder „Wenn es so sauber wie gekocht sein soll!" Merkwürdig, wenn ich zuhause was koche, ist das meistens gar nicht weiß. Wie auch immer, da hatte man jahrzehntelang geglaubt, das optimale Weiß zu besitzen, und wurde die ganze Zeit getäuscht.

In der Fernsehwerbung wird gern mit üblen Klischees gearbeitet, oft in geradezu diffamierender Weise. Besonders jenes Geschlecht, welches ohnehin immer diskriminiert wird, sieht sich in Werbespots beleidigend dargestellt: der Mann. Tatsächlich: Männer erlebt man in der Fernsehwerbung stets als dämliche Vollidioten, deren einzige Fähigkeit darin besteht, mit einem eleganten Sportwagen mit 250 Km/h erst über die Autobahn, dann durch unwegsames Gelände zu rasen, weil sie vom Weg abgekommen sind. Und das alles nur, weil sie völlig überteuerte Autoversicherungen bezahlen. Also alles wie im richtigen Leben. Gerne werden in der Werbung übrigens Prominente eingesetzt, vor allem solche mit beeindruckenden intellektuellen Fähigkeiten. Zum Beispiel Sportler und Schlagersänger. Da man sie meistens nicht kennt, werden stolz ihre Namen eingeblendet. Überzeugend werben sie dann für Produkte, die sie selbst niemals verwenden würden. Die Litfaßsäule von 1854 war da weniger aufdringlich, aber da gab es ja auch noch keine günstigen Telefontarife, teure Autos und alkoholfreies Bier.

47. Immer die Radfahrer

Warnung: der nachfolgende Text könnte passionierte Radfahrer in hemmungslose Wut versetzen oder sogar Tobsuchtsanfälle erzeugen. Das hoffe ich jedenfalls.

1958 drehte der Regisseur Hans Deppe mit den bekannten Schauspielern Heinz Erhardt, Hans-Joachim Kulenkampff und Wolf Albach-Retty den Film „Immer die Radfahrer". Darin stellen sie drei ergraute Herren dar, die in Jugenderinnerungen schwelgen und mit ihren Fahrrädern durch wunderschöne Landschaften radeln. Dabei benehmen sie sich überaus vorbildlich, belästigen und behindern niemanden mit ihren Fahrrädern und halten sich an sämtliche Verkehrsregeln.

Es gibt überhaupt nur einen einzigen Auftritt, in dem dieses alternde Trio auf einer allerdings völlig leeren Straße nicht vorschriftsmäßig hintereinander, sondern eher durcheinander fährt und dabei sogar ein Liedchen trällert: „....mit dem Rad, mit dem Rad, mit dem Rad, Kamerad". Es ist die einzige Szene in dem Film, die nicht im Einklang mit der Deutschen Straßenverkehrsordnung stand. Aber vielleicht lag es ja daran, dass der Film in Österreich gedreht wurde.

Dieses romantisierende Bild vorbildlich braven Fahrverhaltens der Radler stieß in den großen Städten rasch auf erbitterten Widerstand, wobei sich besonders Berlin in einer Vorreiterrolle sah. Der Radfahrer als unterwürfig passiver und angepasster Untertan im Straßenverkehr, als williger Sklave der Straßenverkehrsordnung? Nein, so konnte es nicht weitergehen. Es musste etwas geschehen.

Zunächst beschloss die Gemeinschaft urbaner Radler, dass die allgemeingültigen Regeln des Straßenverkehrs fortan für sie nicht mehr gelten. Eine rote Ampel mag zwar eine rote Ampel sein, aber davon lässt sich doch ein engagierter Radfahrer in seinem progressiven Elan nicht aufhalten. Er fährt weiter, als ob es grün wäre. Es könnte sogar sein, dass dieses Verhalten unterstützt wurde durch die kurzfristige Etablierung einer rot-grünen Bundesregierung. Wenn politisch rot und grün ohnehin irgendwie dasselbe zu sein schien, ließe sich das nicht auch auf Lichtzeichenanlagen übertragen?

Allerdings spürten die Radler bei diesem Vorgehen bald, dass sie in der freien Wildbahn gewöhnlich den Kürzeren zogen. Es gab Verletzte und Tote. Sogar Fahrräder gingen dabei entzwei. Die Radfahrer gaben als Konsequenz das Ziel aus, künftig ungefährliche Lebensräume zu annektieren, in denen sie eigentlich gar nichts zu suchen hatten, um dort ihr Unwesen zu treiben.

Als erstes wurde der Bürgersteig erobert. Wie ich mich auf einem solchen Gehweg befinde, da rast doch ein Radfahrer erst auf mich zu und dann an mir vorbei. Zwei Kabel liefern laute Musik direkt in seine Ohren, es ist irgendeine Techno-Musik. Womit ich, das sei hier allen Techno-Fans ausdrücklich versichert, selbstverständlich auch etwas gegen Techno-Musik gesagt haben will. Laute Musik beim Radfahren ist etwas Herrliches, weil man nicht mehr gezwungen ist, auf lästige Geräusche wie Autohupen oder Feuerwehrsirenen zu reagieren.

Stürmt der Radler von vorne auf einen zu, so hat der attackierte Passant in vielen Fällen eine gute Chance, dem ehrlichen Angriff auszuweichen. Lauert der Radelschurke jedoch seiner Beute feige von hinten auf, dann wird es gefährlich. Noch während man einen hektisch-schrillen Ton einer Klingel vernimmt, eilt der Windhauch des Todes auch schon an einem vorbei. Entsetzt sehe ich, dass der Radsportler direkt auf ein Kind zurast.

Mit einem unmissverständlichen „Weg da!" signalisiert er dem ahnungslosen Knaben, dass er sich nunmehr in Lebensgefahr befindet. Mit einem eleganten Sprung in ein Gebüsch rettet dieser sein noch so junges Leben und kommt lediglich mit ein paar harmlosen Knochenbrüchen davon. Glück gehabt!

Während der großstädtische Fahrradimperialismus auf diese Weise nach und nach artfremde Biotope erobert, achtet er gleichzeitig peinlich genau darauf, das eigene heimatliche Refugium zu sichern und zu schützen: den Radweg.

Niemals darf es geschehen, dass ordinäres Fußvolk diesen geheiligten Boden widerrechtlich betritt. Und wenn es doch jemand wagt, so muss der freche Lump damit rechnen, auf das übelste beleidigt zu werden. Ehrlich gesagt, ich würde hier zu gerne an dieser Stelle ein paar Beispiele bringen, aber der Verlag meinte, das ginge leider nicht, das Buch käme sonst auf den Index. Aber vielleicht ein kleiner Tipp. Wenn Sie mal Ihr Repertoire an obszönen Schimpfwörtern erweitern wollen: stellen Sie sich einfach ein paar Minuten auf einen Fahrradweg. Ich sage Ihnen: Sie werden staunen!

Irgendwann tauchten Radfahrer an einem Ort auf, wo man sie am allerwenigsten erwartet hätte: in der U-Bahn. Natürlich macht es auf den ersten Blick wenig Sinn, ein Mittel zur Fortbewegung in ein Mittel zur Fortbewegung zu stellen. Man tut ja auch keine Bierflasche in eine Limonadenflasche. Aber Radfahrer denken sich etwas dabei, denn auf diese Weise können sie mit ganz geringem Aufwand zum Beispiel die Türen blockieren. Vor allem, wenn sie, wie es in letzter Zeit oft zu beobachten ist, in Rudeln einfallen. Außerdem gestattet die Mitnahme des Fahrrads zwei Sitze gleichzeitig zu belegen. Ein Privileg, das sonst nur Müttern mit Kinderwagen vorbehalten ist.

Als besondere Mutprobe gilt bei Radfahrern, nachdem die Türen zugefallen sind und der Zug losgefahren ist, das Fahrrad gegen diese Tür zu lehnen und sich dann in respektabler Entfernung irgendwo hinzusetzen. Sie tun dann so, als ob sie eine Zeitung lesen. Tatsächlich aber beobachten sie heimlich aus dem Augenwinkel, ob es ein Fahrgast am nächsten Bahnhof wagen würde, unerlaubterweise den verehrten Metallfetisch anzufassen und zur Seite zu stellen. Natürlich tun das die meisten Fahrgäste nicht, sondern verlassen, etwas verärgert, den Zug durch eine andere Tür. Der Radfahrer triumphiert.

Aber Vorsicht. Auch der Gemeine Fahrgast neigt bisweilen zu heimtückischem und geradezu hinterlistigem Verhalten. Er kann zum Beispiel, nachdem er diesbezüglich verärgert die U-Bahn verlassen hat, an der Tür vorbeigehen, gegen die das Rad gelehnt ist, lustvoll von außen einen Knopf drücken und verschwinden. Die Türen öffnen sich automatisch, das Fahrrad fällt mit einem hellen Scheppern aus dem Zug und kracht auf den Bahnsteig. Mit einer fatalen Mischung aus Wut und Ohnmacht springt der gedemütigte Radfahrer pantherartig auf, ergreift das schwerverletzte Stahlross, bringt es aus dem Gefahrenbereich und beginnt sofort mit ersten Wiederbelebungsversuchen.

Quo vadis? Wer sich mit Mustererkennung und Strukturanalysen auskennt, weiß, wie die Evolution der Radfahrer weitergehen wird. Sie werden vor nichts halt machen. Eines Tages werden Radfahrer mitten während eines Fußballspiels auf dem Rasen des Berliner Olympiastadions erfolgreich einen Reifenwechsel durchführen. Oder es kann passieren, dass es an Ihrer Wohnungstür klingelt, und im Hausflur ein behelmter Radfahrer steht und brüllt: „Weg da! Ich muss durch Ihre Wohnung fahren!"

Wie ich schon sagte: Sie werden staunen.

P.S.: Eines muss man den Radfahrern in Berlin allerdings lassen: sie sind hart im Nehmen und fahren bei jedem Wetter, egal ob es schön ist oder Sommer. Übrigens: wenn Sie den Text aufmerksam gelesen haben, wird Ihnen aufgefallen sein: es ging um Radfahrer. Nicht um Radfahrerinnen.

48. Hatari!

Vor einiger Zeit lief im Fernsehen der bekannte Abenteuerfilm „Hatari!" Das Wort stammt aus der Swahili-Sprache und bedeutet „Gefahr". Und genau darum geht es in diesem Film. Er spielt nicht, wie man zunächst annehmen möchte, in einer Diskothek auf Mallorca, sondern zeigt mutige Tierfänger in Afrika, die unter Einsatz ihres Lebens Nashörner, Gnus und Zebras jagen. Das hatte mich nachdenklich gestimmt. Müsste es nicht aufregend sein, mal für einige Zeit die Zivilisation hinter sich zu lassen, sich in waghalsige Situationen zu begeben, tagtäglich an seine Grenzen zu gehen? Ich beschloss, mein geordnetes Leben hinter mir zu lassen, um allerlei gefährliche Abenteuer zu erleben. Also zog ich nach Neukölln.

Ich nahm mir unweit vom Hermannplatz eine Einzimmerwohnung im dritten Stock eines Hauses mit einem bedrohlich aussehenden, düsteren Hinterhof, der bereits gefährliche Abenteuer erahnen ließ. Lieber wäre mir natürlich eine Dreizimmerwohnung im ersten Stock gewesen, aber das ist auch in Neukölln fast unbezahlbar. Das Gebäude stand offenbar unter Denkmalschutz, jedenfalls war der Hausflur im Zustand des späten 19. Jahrhunderts belassen worden. Die Postfächer hatten einen mir bislang unbekannten Luxus. Man musste nicht mehr lang nach seinem Schlüssel herumkramen, um das Fach zu öffnen. Nein, die Fächer hatten gar kein Schloss. Leider erwies sich dieser unbegreifliche Luxus als völlig überflüssig. Ich habe nämlich seitdem nie wieder Post bekommen.

Aber immerhin, es gab elektrisches Licht. Es sei denn, die Glühbirnen waren mal durchgebrannt. Dann wurden sie aber immer ersetzt. Meist noch im selben Jahr.

Um es gleich zu sagen, das Leben in Neukölln war dann doch nicht so gefährlich, wie zunächst angenommen. Sich an einem Stand einen Döner zu bestellen ist einfach nicht dasselbe, wie in der Serengeti eigenhändig eine lebende Giraffe zu fangen. Auch wird man niemals jene eindrucksvollen Szenen erleben, wenn zahllose Geier unter großem Gekreische einen wehrlosen Kadaver zerreißen. Es sei denn, es ist gerade Sommerschlussverkauf.

Man kann in Neukölln allerdings ungewöhnliche Klänge hören, etwa auf dem Wochenmarkt, wo Sonderangebote angepriesen werden, oder in der Neuköllner Oper, dem bei weitem schönsten Opernhaus in diesem Stadtteil.

Auch die Kommunikation ist hier etwas ganz Besonderes. Autofahrer, Radfahrer und Fußgänger pflegen mit Hupzeichen, Klingeln und bekannten Gesten eine abwechslungsreiche und freundliche Verständigung. Allerdings gibt es einige Neuköllner, mit denen aufgrund von Sprachproblemen der Gedankenaustausch recht schwierig ist. Daher spricht man in Neukölln stattdessen besser mit den Türken. Mit ihnen kann man sich über anatolische Kultur und politische Probleme des Nahen Ostens unterhalten und dabei gleichzeitig steinweiche Tomaten kaufen.

In den ersten drei Monaten meines Neuköllner Abenteueraufenthaltes war ich meistens wegen einer dringenden Forschungsarbeit in einem Labor und daher nur am Wochenende zu hause. So war ich doch recht verwundert, als ich an einem Freitagabend nachhause kam und gerade vor meiner Haustür ein Polizeiauto und ein Krankenwagen davonfuhren. Ein Mann, der sich als Zeitungsreporter ausgab, stürmte auf mich zu und fragte, was ich von dem Fall mitbekommen hätte. Ich erfuhr, dass es bei dem Ehepaar über mir zu gewalttätigen Auseinandersetzungen gekommen war. Der Mann hatte die Frau verprügelt. Oder vielleicht war es auch umgekehrt.

Ich hatte natürlich nichts mitbekommen, gab ich an. Und genau so stand es am nächsten Tag in der Zeitung: „Die Nachbarn haben angeblich nichts mitbekommen". Dabei hatte der Reporter extra gesagt, dass aus der Wohnung sehr laute Schreie zu hören gewesen wären. „Ach" sagte ich ihm ", die brüllen ohnehin den ganzen Tag, da merkt man gar nicht, wenn mal zwischendurch ein paar Schreie zu hören sind."

Es dauerte übrigens eine ganze Weile, bis ich gelernt hatte, dass es doch eine Situation in Neukölln gibt, die lebensbedrohend sein kann. Es ist nämlich der meist vergebliche Versuch, als Fußgänger eine Straße zu überqueren, und zwar an Stellen, wo dies überhaupt nicht vorgesehen ist. Hatari!

P.S.: Früher hieß Neukölln übrigens Rixdorf, und Rix Café erinnert heute noch daran. Dann, weil an einem Nebenarm der Spree gelegen, wurde es umbenannt in „Neukölln am Wasser". Neukölln ist tatsächlich nahe am Wasser gebaut. Wahrscheinlich ist deshalb hier vieles zum Heulen.

49. Liebe auf den schwersten Blick

In einer Großstadt wie Berlin jemanden kennenzulernen, um, sagen wir einmal, den Bund fürs Leben zu schließen, oder wenigstens für einen Abend, ist auf der einen Seite ganz leicht, andererseits aber auch wieder sehr schwer.

Leicht ist es, weil in einer großen Stadt so unglaublich viele Menschen ganz dicht aufeinander gedrängt leben. Und schwer ist es, eben weil es so viele sind.

Es mag sein, dass diese Problematik, in einer Großstadt einen anderen Menschen für den Rest des Lebens zu finden, einst dazu führte, die Suche öffentlich zu machen, in dem man in einer Zeitung eine diesbezügliche Anzeige aufgibt – und erst dann die Hoffnung.

Ob Berlin hier eine Vorreiterrolle eingenommen hat, weiß ich nicht, man müsste das mal in einem Buch über die Geschichte der Kontaktanzeigen nachlesen. Falls es so etwas gibt.

Immerhin weiß ich aber, dass Kontaktanzeigen keine Erfindung unserer Tage sind. So musste ich vor ein paar Jahren in der Berliner Staatsbibliothek in einer Sonntagsbeilage einer Zeitung einen populärwissenschaftlichen Artikel eines verstorbenen Professors suchen. Die Sonntagsbeilage aus dem Jahr 1932 war sehr umfangreich, und davon gab es pro Jahr immerhin 52 Exemplare. Man musste damals wohl viel Zeit zum Lesen gehabt haben.

Na ja, dachte ich, 1932 gab es schließlich noch keine Fernsehgeräte und Computer. Den gesuchten Artikel fand ich zwar nicht, entdeckte aber, dass es in dieser Sonntagsbeilage auch eine Art von Singlebörse gab.

Nur hieß das damals nicht so, sondern man täuschte eine gewisse Ernsthaftigkeit vor, in dem das ganze überschrieben war mit „Heiratsmarkt". Ob auf diese Weise damals wohl tatsächlich glückliche Ehen entstanden sind? Wer weiß, Zeitzeugen wird es kaum noch geben, und auf eine Annonce von 1932 zu antworten, hielt ich inzwischen für eher sinnlos.

Eine dieser Anzeigen ist mir noch in ganz besonderer Erinnerung geblieben: „Blondes Mädel sucht deutschen Herren (bitte mit eigenem Kraftfahrzeug)". Daran, was Frauen von einem Mann wirklich erwarten, hat sich bis heute übrigens nichts geändert. Frauen achten nämlich mehr auf die inneren Werte. Insbesondere die in der Brieftasche.

Ich wage einen Versuch und erwerbe ein wohlbekanntes Stadtmagazin. Manche kaufen es angeblich nur wegen dieser Anzeigen. Ich in diesem Fall auch.

Ich sitze also zuhause an meinem Schreibtisch, habe etwas Papier, ein paar Umschläge und natürlich die unvermeidlichen Briefmarken besorgt. Bereits die erste Anzeige überrascht mich. Sie stammt von einer Frau, die eine erstaunliche Offenheit dokumentiert. Sie gibt nämlich nicht nur preis, dass sie Dörte heißt, sondern fügt doch tatsächlich ihre Telefonnummer hinzu.

Mutig, Dörte! Ich wähle die Nummer und erreiche nun allerdings nicht die heiratswillige Dörte, sondern werde überraschenderweise verbunden mit einem Pizza-Service im Prenzlauer Berg. Nun ja, denke ich, Kontaktanzeigen machen sicher hungrig, und wenn ich die Jungs schon mal in der Leitung habe, bestell ich doch einfach eine Pizza mit Salami.

Bei näherer Betrachtung von Dörtes Anzeige wird mir allerdings klar, dass ich mich gründlich getäuscht hatte. Die Information „162 48 69" ist überhaupt keine Telefonnummer, wie ich zunächst angenommen hatte, sondern bezieht sich lediglich auf einige persönliche Angaben von ihr, also so ganz entscheidende Dinge wie Größe, Alter und Gewicht. Welche Zahl sich auf welches Merkmal bezieht, ist fast immer leicht herauszufinden. Meistens.

Weniger leicht herauszufinden ist allerdings die Bedeutung der vielen Abkürzungen. Die partnersuchenden Schönen stecken hier in einem echten Dilemma. Einerseits wollen sie möglichst viele Informationen und Wünsche in ihre Texte pressen, andererseits kostet jede neuangefangene Zeile mehr Geld. Und Geld, das wollen sie natürlich sparen, diese Geizkräginnen.

Ich suche weiter und stoße auf eine weitverbreitete Abkürzung: „B.m.B". Was will die Unbekannte mir damit bloß sagen? „Bin mollige Berlinerin"? „Brauche massenhaft Blumen"? Ein Vergleich mit anderen Annoncen lässt die Interpretation zu, dass es einfach nur „Bitte mit Bild" bedeuten könnte. Von mir aus gerne, denke ich, aber wenn schon, welche? „Bild der Frau"? „Sport-Bild"? „Bild am Sonntag"? Es gibt doch so viele davon. Warum kann sie das nicht etwas genauer formulieren? Und wie bitte schön, soll ich die Zeitung in so einen kleinen Umschlag bekommen? Egal, wie geschickt ich sie auch falte, das passt doch niemals. Daran hätte sie doch vorher denken können.

Plötzlich stoße ich auf eine Anzeige mit einem weiteren sehr geheimnisvollen Akronym: „m. gr. OW". Ist es wirklich das, was ich denke? Oder will mir die Dame damit sagen „meide grundsätzlich Online-Werbung"? Das wäre eigentlich ein sympathischer Zug, finde ich. Oder heißt es vielleicht so etwas wie „mag griechischen Obst-Wein"? Eine Alkoholikerin möglicherweise? Und überhaupt, möchte ich denn mit einer Frau zusammen sein, die nur in Rätseln spricht? Ich bin doch eher ein Freund der klaren Worte.

Da fällt mein Blick auf eine Anzeige, die mich aus zwei Gründen fasziniert. Zum einen provoziert sie mit einer sprachlichen Raffinesse: „Blonde Biologin braucht Burschen". Aha, denke ich, sie steht auf den Buchstaben B. Na gut, den kann sie haben. Und: ich brauche ihr noch nicht mal einen Brief zu schreiben, diesen dann eintüten, Briefmarke raufkleben, in den Briefkasten werfen und schließlich acht Wochen auf eine Antwort warten – nein, eine Email-Adresse ist angegeben, und ich kann sofort mit ihr in Kontakt treten. Also, den Rechner angestellt, das entsprechende Programm aufgerufen und schon geht es los. Es fließt mir nur so aus der Feder – beziehungsweise aus der Tastatur:

„Bonjour Bella, bravo, bin beträchtlich begeistert! Brave blonde Biologin benötigt bezaubernden Burschen. Bitte: bin Berliner, biete bestimmt besonderes: beispielsweise bemerkenswerte Bildung, bravouröse Begeisterung beim Bücherlesen (Bertolt

Brecht), bin bartlos, braunäugig, begeisterter Bahnfahrer, brauche bisweilen besinnliches (bevorzuge Bach, Belafonte, Beatles), bewegende Bilder (Brigitte Bardot, Blues Brothers). Biste belustigt? – Bis bald!"

Überglücklich drücke ich die Enter-Taste, und dieses B-achtliche Kunstwerk schwebt durch den Äther zu einer blonden Biologin, die irgendwo in dieser Stadt darauf wartet. Ein Hoch auf die Technik, denn ich muss tatsächlich nicht acht Wochen auf eine Antwort warten. Nein, schon nach drei Minuten erhalte ich eine allerdings ungewöhnlich knappe Nachricht von ihr: „Mail delivery failed: returning message to sender". Hätte sie mir das nicht auch auf Deutsch schreiben können?

Ich kämpfe mich tapfer weiter durch den schier undurchdringlichen Anzeigendschungel und entdecke, dass eine Frau hier einen Mann sucht, der eigentlich nur zwei Bedingungen erfüllen muss: NR und NT. Na prima, denke ich, denn ich radle und tanze nicht. Trotzdem habe ich das unbestimmte Gefühl, nicht der Richtige für sie zu sein.

Weiter komme ich leider nicht, denn es klingelt an der Tür und meine Pizza mit Salami ist da. Danke Dörte!

P.S.: Tatsächlich reicht die Geschichte der Kontaktanzeigen sehr viel weiter zurück als nur in das Jahr 1932. Bereits im Juli 1695 suchte ein Mann in einer britischen Zeitung eine junge Dame zwecks Heirat. Die einzige Eigenschaft, die er von seiner künftigen Gattin verlangte, war lediglich der Besitz von 300 Pfund. Also Geld, nicht etwa Gewicht. Mit seiner unverschämten Forderung hätte er im heutigen Berlin gar keine Chance. Es sei denn, er meinte doch das Gewicht.

1727 versuchte dann erstmals eine Frau in einer Zeitung in Manchester einen Ehemann zu finden. Konsequenterweise wurde sie sofort in eine Irrenanstalt eingewiesen. Ob sie dort geheilt wurde, ist allerdings unbekannt.

50. Kontaktanzeigen und ihre Folgen

Die folgende Geschichte ist zwar nicht wahr, aber alle Details stimmen.

Alleinstehende Männer in Berlin haben zwei bedeutende Erkenntnisse der Menschheit verinnerlicht. Die eine ist von René Descartes und lautet: „Ich denke, also bin ich." Die andere stammt von Bob Marley: „No woman no cry".

Trotzdem, wenn man sich eine Weile ernsthaft mit Kontaktanzeigen beschäftigt hat, dann wird es – vielleicht nach einem ersten Telefonat – unvermeidlich sein, sich irgendwo in der Stadt zu einem festgelegten Zeitpunkt mit einem wildfremden Menschen zu treffen. Sich irgendwo in der Stadt zu einem festgelegten Zeitpunkt mit einem wildfremden Menschen zu treffen ist natürlich ein sehr peinlicher Vorgang. Es gibt daher in der deutschen Sprache keinen geeigneten Ausdruck dafür. Früher entlehnte man aus der französischen Sprache das sogenannte „Rendezvous", ein Begriff der verständlicherweise aus der Militärsprache stammt.

Der Schriftsteller Johann Heinrich Campe hat dann ungefähr um 1800 herum dafür den Begriff „Stelldichein" erfunden. Aber das hat man rasch aufgegeben, denn gewöhnlich stellte sich ja nichts ein. Schließlich nannte man es ein „Blind date". Vermutlich in Anlehnung an eine bekannte Redensart, wonach auch ein blindes Huhn mal ein Korn findet. Oder eben einen Ehepartner.

Ich hatte in den letzten Wochen einige bemerkenswerte Treffen dieser Art und – siehe da: heute schon wieder eines. Am Abend treffe ich mich mit Julia. Alles was ich von ihr weiß ist, dass sie in einer Apotheke arbeitet. Wir sitzen nun also in einem Café, und da klingelt ihr Handy. Es ist ihr Bruder und er will ihr von seinem einjährigen Auslandsaufenthalt in Südamerika berichten, nur ganz kurz natürlich. Na, denke ich, das kann lange dauern.

Lange dauern. Da fällt mir Sieglinde ein. Das dürfte jetzt ungefähr zwei Wochen her sein. Dem Dialekt nach musste sie aus

Süddeutschland sein. Tatsächlich stammte sie aus einem kleinen Dorf in Baden-Württemberg. Auf meine berechtigte Frage, was sie denn nach Berlin verschlagen hätte, sagte sie, dass sie studieren wollte, in Tübingen gab es das Fach nicht, und so kam sie nach Berlin. Diesen an sich recht kargen Inhalt reicherte sie mit derart vielen Details und Nebengeschichten an, dass sie erst nach etwa einer Stunde ihre Geschichte mit den Worten endete: „Und so kam ich nach Berlin!" Sie betonte übrigens, das sei die Kurzfassung gewesen. Bei Kurzfassung fällt mir Julia ein, aber sie fasst sich natürlich nicht kurz und telefoniert noch immer mit ihrem Bruder. Na, denke ich, irgendwie keine Überraschung.

Überraschung. Da fällt mir Vivian ein, mit der ich mich vor zehn Tagen getroffen hatte. Bereits beim Telefonat war mir ihre Stimme mit dem dunklen Timbre angenehm aufgefallen. Und als ich sie sah, dachte ich, na, was für ein gewagter Ausschnitt. Sie lief etwas unsicher, wohl, weil die Schuhe neu waren. Sie betonte, dass es ihr im Moment unglaublich gut gehen würde. In wenigen Wochen hätte sie nämlich eine Operation und sie könne sich dann endlich ganz als Frau fühlen.

Julia hat ihr Telefonat beendet und wie wir uns nun gerade anfangen wollen, zu unterhalten, kommen piepende Geräusche aus ihrer Tasche. Es sei eine SMS, sagt Julia, sie schaue kurz nach und antwortet nur, wenn es wichtig ist. Na, denke ich, eine SMS ist doch immer wichtig.

Wichtig. Da fällt mir Undine ein, mit der ich mich Anfang der Woche verabredet hatte. Wir führten ein nettes Gespräch, in dessen Verlauf sie mir ein paar wichtige Informationen gab. Zum Beispiel erzählte sie, dass sie zwei Töchter hat. Und drei Söhne. Und vier Kampfhunde. Und ob es mir etwas ausmachen würde, dass sie nicht in Berlin, sondern in Frankfurt an der Oder wohnen würde, keine hundert Kilometer entfernt. Um nicht missverstanden zu werden, ich habe nichts gegen Frankfurt an der Oder. Ganz im Gegenteil, es wäre in diesem Fall nur schöner, wenn die Stadt sich ungefähr da befinden würde, wo heute Potsdam liegt.

Mit den Worten „So, nun bin ich fertig" holt mich Julia in die Gegenwart zurück. Doch da klingelt erneut ihr Handy. Na, denke ich, ich habe heute aber Pech.

Pech. Da fällt mir Gabriele ein, mit der ich mich vor drei Tagen getroffen hatte. Eine wunderbare Frau mit Sommersprossen, langen roten Haaren und grünen Augen, die funkelten wie klare Bergseen in den Nördlichen Kalkalpen. Wir verstanden uns sofort prächtig und führten wunderbare Gespräche, kein Wunder, wir hatten schließlich beide kein Handy dabei.

Nach gut einer Stunde entschloss sich Gabriele, mir etwas anzuvertrauen, etwas, was sie noch niemals bei einem ersten Treffen gewagt hätte. Erstens sei sie gut zehn Jahre älter als in der Annonce angegeben. Ich versank in ihren smaragdgrünen Augen und dachte: „Ist doch egal!"

Und außerdem, es sei nun mal so, gegen Gefühle könne man einfach nichts machen, sie sei ziemlich verliebt.

Und zwar in einen verheirateten Mann, den sie seit drei Jahren kennt. Merkwürdig, ich dachte, den Status der heimlichen Geliebten gäbe es nur noch in billigen Groschenromanen oder in Sendungen des öffentlich-rechtlichen Fernsehens. So kann man sich täuschen. Um 22 Uhr verlassen Julia und ich das Café. Immerhin weiß ich jetzt, dass sie einen Bruder hat. Das ist doch schon mal ein guter Anfang.

P.S.: Die Nördlichen Kalkalpen wurden nur erwähnt, weil ein Freund meinte, ich würde es nicht schaffen, in einem Buch etwas über Kontaktanzeigen in Berlin zu schreiben und dabei die Nördlichen Kalkalpen zu erwähnen. Reingelegt!

51. Autofahrer und Fußgänger – eine seltsame Symbiose

Das Automobil wurde in Deutschland etwa um 1885 erfunden, aber überraschenderweise nicht im fortschrittlichen Berlin. Offenbar war dem Kaiser ein selbst fahrendes Gerät irgendwie suspekt. Dabei war nur vier Jahre zuvor in Berlin-Lichterfelde die erste elektrische Straßenbahn der Welt gefahren. Aber das hatte er wohl schon längst wieder vergessen.

Bald erkannten die Menschen, dass man mit diesen suspekten Kraftwagen auch von Ort zu Ort reisen kann, um dort beispielsweise einkaufen zu gehen. So ist es kein Wunder, dass die erste Überlandfahrt ausgerechnet von einer Frau durchgeführt wurde. Bertha Benz fuhr am 5. August 1888 von Mannheim nach Pforzheim, übrigens ohne Führerschein. Bedauerlicherweise ging ihr unterwegs das Benzin aus, und so musste sie in der Stadt-Apotheke von Wiesloch etwas Leichtbenzin nachkaufen. Bis heute gilt diese Apotheke als die älteste Tankstelle der Welt.

In Berlin wurde das erste Automobil viel später, nämlich 1902 zugelassen, ein Kraftwagen mit dem amtlichen Kennzeichen IA-1. Bald kamen immer mehr Autos dazu, und das war auch gut so, denn immerhin kann Berlin inzwischen ein Straßennetz von etwa 5800 Kilometer Länge vorweisen, das entspricht einer Strecke von Berlin bis nach Neu-Delhi.

Man kann heute in Berlin die Autofahrer vereinfacht in zwei Gruppen unterteilen. Da sind zum einen jene, die stets verantwortungsvoll und vorschriftsmäßig fahren. Immer achten sie peinlich genau darauf, die vorgeschriebene Höchstgeschwindigkeit nicht zu überschreiten. Strafzettel bekommen diese Vertreter der fahrenden Zunft niemals.

Die anderen sind Männer. Ihnen dient das Fahrzeug nicht etwa zur Fortbewegung, sondern bietet hinreichend Möglichkeit zum Imponieren. Als beeindruckende Leistungen gelten bei ihnen: wer kommt am schnellsten von Null auf Hundert, wer schafft das riskanteste Überholmanöver, wem gelingt der spektakulärste Unfall? In gewissem Sinne könnte man es verhaltensbiologisch so interpretieren: das Auto ist das Geweih des Menschen. Da das Auto somit das exakte Spiegelbild der geschundenen Großstadtseele ist, wird auch verständlich, warum Männer jedes Wochenende ihr Auto eigenhändig waschen, putzen, wienern, föhnen und pflegen. So etwas würden Frauen niemals tun. Sie würden einfach einmal durch die Waschanlage fahren. Jedenfalls wenn sie es könnten.

Berliner beginnen wie alle Großstädter ihre Karriere in Sachen Fortbewegung gewöhnlich in einem meist vierrädrigen Kinderwagen, verlassen diesen aber bald, um sich etwa auf Fahrrädern, Skateboards oder Inline-Skaters zu bewegen, in erster Linie um ahnungslose Passanten zu erschrecken. Doch schon bald drängt es sie auf geheimnisvolle Weise zurück in ein – diesmal allerdings motorenbetriebenes – vierrädriges Fahrzeug. Zunächst erwerben sie auf eher dubiose Weise einen Führerschein und lassen sich dann von den Eltern selbständig ein Auto kaufen.

Die jungen Autofahrer sind ausgesprochen neugierig, und so testen sie gerne einmal aus, ob das teure Fahrzeug denn wirklich – wie in der Gebrauchsanweisung angegeben – über 240 Km/h schafft. Kleine Seitenstraßen, Waldpfade und verkehrsberuhigte Zonen sind hierfür ideal geeignet. Dass ausgerechnet Berliner so gerne schnell fahren wollen, ist eigentlich seltsam, gelten Berliner doch nicht gerade als Erfinder der Geschwindigkeit.

Natürlich holen sie dazu gerne mal eine objektive Meinung ein. Etwa, wenn sie an einer Blitzerampel mit 200 Km/h vorbeirasen, nur um sich anschließend persönlich auf einem Polizeifoto überzeugen zu können, wie schnell ihr Wagen wirklich war. Ja, die Polizei, Dein Freund und Helfer.

Rasch lernen Autofahrer, verantwortungsvoll mit ihrem Fahrzeug umzugehen, indem sie deren wichtigste Funktionen kennenlernen. Die erste Lektion gilt natürlich der Hupe. Hiermit können Autofahrer störende Fußgänger zu einer gewissen Eile antreiben. Dann gilt es, wirkungsvoll während der Fahrt den Zigarettenanzünder zu bedienen. Später erlernen sie auch andere Funktionen, wie die Bremse oder Lichtanzeiger.

Junge und daher noch unerfahrene Autofahrer erkennt man in vielen Fällen einfach daran, dass sie bereits in etwa 250 Meter Entfernung zu hören sind. Nicht etwa wegen der Motorenleistung. Nein, ein beständiges Hämmern und Dröhnen dringt aus den Fahrzeugen, weil während der Fahrt etwas Musik nicht schaden kann. Damit wollen sie aber nicht nur die technischen Fähigkeiten ihrer wertvollen Stereoanlagen dokumentieren, sondern vor allem ihren ausgesprochen schlechten Musikgeschmack.

Untereinander sind Berliner Autofahrer aber stets höflich und zuvorkommend. So war kürzlich am Rosa-Luxemburg-Platz zu sehen, wie ein Autofahrer dem anderen versehentlich die Vorfahrt nahm, doch statt drohendem Gehupe gab es ein paar eher freundliche Gesten und jeder lenkte seinen Wagen in die richtige Richtung. Ja, bei Autofahrern ist die Freiheit bekanntlich auch immer die Freiheit der Anderslenkenden.

Dieser Respekt untereinander gilt immer und überall. Auch bei erhöhtem Tempo halten alle stets einen gewissen Sicherheitsabstand ein. Anders gesagt, man hat als Fußgänger nicht die geringste Chance, beim Überqueren die andere Straßenseite lebend zu erreichen. Manche Autofahrer sind nämlich nicht nur sehr zuvorkommend, manche sind geradezu entgegenkommend. So wurde der Autofahrer allmählich zum natürlichen Feind des Menschen, und der Fußgänger drohte, alsbald eine aussterbende Art in der Großstadt zu werden.

Aber auch Fußgänger sind ungewöhnlich lernfähig und merkten im Laufe ihrer Entwicklung schnell, dass sie in einer Kollision mit einem Auto zwar stets die Schwächeren waren. Aber auch Schwäche kann bekanntlich eine Stärke sein. So wissen alle Autofahrer längst, dass sie in jedem Fall schuldig sein werden, wenn sie jemanden überfahren. Egal wie betrunken der Passant beim Überqueren der Stadtautobahn auch war. So spielen Autofahrer und Fußgänger in ihrem beeindruckenden Kampf ums Dasein mit ihren begrenzten Möglichkeiten und bilden heute eine der seltsamsten Symbiosen der urbanen Natur.

52. „Political Correctness": es bleibt schwierig

Wie das Wortungetüm „Political Correctness" vermuten lässt, ist es nicht in Deutschland und schon gar nicht in Berlin erfunden worden. Es handelt sich dabei um das subtile Phänomen, die etwas plump wirkende Meinungsfreiheit nach und nach zu ersetzen durch die hohe Kunst, nicht mehr darauf zu achten, was man sagt, sondern wie man es sagt. Oder schlimmer noch: wie man es nicht sagt. Ziel ist es, die Sprache schließlich so verworren und komplex zu gestalten, dass es stets höchster intellektueller Anstrengung bedarf, die Wahrheit zwischen den Zeilen herauszuahnen.

Ein Beispiel. Ich erinnere mich, wie ich als kleines Kind mit meinem Vater an einem großen Gebäude vorbeiging. Dies, sagte er, sei ein Gefängnis und drinnen sitzen die Verbrecher. Das war derart klar und eindeutig, dass man es heute nicht mehr sagen darf. So ist das Wort „Gefängnis" negativ besetzt, geradezu befangen, voll unangenehmer Vorurteile. Heute heißt es „Justizvollzugsanstalt". Das klingt gleich viel hübscher. Da können Sie Ihrem kleinen Kind erklären: Hier veranstaltet die Justiz ihren Vollzug. Gut, Ihr Kind weiß zwar nicht, was gemeint ist, aber Sie waren wenigstens politisch korrekt.

Und dann das Wort „Verbrecher". Das geht natürlich heute überhaupt nicht. Es ist diskriminierend. Da wurde prompt reagiert, und so hieß es politisch korrekt: Verbrecher und Verbrecherinnen. Aber das war auch nicht richtig. Man reduziert Menschen nicht einfach auf ihren Beruf. Ich weiß gar nicht, welchen politisch korrekten Begriff es im Moment dafür gibt. Vielleicht so etwas wie „Personen mit Kriminalitätshintergrund"?

Und was mein Vater damals auch nicht wusste: die „sitzen" da nicht. Nein, Menschen in einer Justizvollzugsanstalt werden irgendwie sinnvoll beschäftigt, damit sie später vielleicht einmal ein nützliches Mitglied der Gesellschaft werden können.

Und nun verstehen Sie auch, was ich meinte mit dem Verworrenen in der Sprache. Wenn ich nämlich gesagt hätte: ich habe vorhin ein Gebäude gesehen, da veranstaltet die Justiz ihren Vollzug, und drinnen werden Personen mit Kriminalitätshintergrund irgendwie beschäftigt, damit sie später vielleicht einmal ein nützliches Mitglied der Gesellschaft werden können, dann müssen Sie erst kurz überlegen, fragen sich, wovon redet der denn überhaupt und wissen dann: die Rede ist vom Bundestag.

Das Problem besteht darin, dass niemand genau weiß, wer eigentlich bestimmt, was heute noch politisch korrekt und was morgen schon unkorrekt ist. Gibt es eine Behörde, ein Amt, oder ein Ministerium für gezielte Sprachvergewaltigung? In einer Stadt wie Berlin möchte man schließlich stets auf der Höhe der Zeit sein. Und das kann sich ganz schön schwierig gestalten. Gerade in Berlin wird deutlich, wie wichtig es ist, über Sprache nachzudenken, zu zeigen, dass Sprache, unbedacht verwendet, diskriminieren und beleidigen kann. Und das will gerade in Berlin niemand.

Und wie geht das weiter? Die folgende Geschichte spielt in einer sehr fernen Zukunft in Berlin. Aber wer weiß, so fern ist sie vielleicht gar nicht. Der Regierende Bürgermeister der Stadt hatte es früher recht einfach, er begann jede Ansprache an die Bevölkerung mit „Liebe Berliner!" Und alle fühlten sich angesprochen.

Das heißt nicht alle. Durch ein intensives Studium der Regeln deutscher Grammatik fiel einigen Frauen auf, dass sie, biologisch betrachtet, ja eigentlich gar keine Berliner, sondern streng genommen eher Berlinerinnen seien. Und befürchteten, der Bürgermeister wolle sie bei seiner Ansprache damit bewusst ausschließen. Natürlich sah das der Bürgermeister sofort ein und begann nun jede Rede mit „Liebe Berlinerinnen, liebe Berliner!" Und alle fühlten sich angesprochen.

Das heißt nicht alle. Eines Tages meldete sich nämlich ein Herr aus Spandau mit der Feststellung, er wäre kein Berliner, sondern ein Spandauer. Und seine Gattin wäre auch keine Berlinerin, sondern eben eine Spandauerin, und warum der Bürgermeister sie auf diese Weise benachteiligen wolle. Natürlich sah er auch das sofort ein und eröffnete jeden Vortrag fortan, politisch korrekt, mit „Liebe Berlinerinnen, liebe Berliner! Liebe Spandauerinnen, liebe Spandauer!" Und alle fühlten sich angesprochen.

Das heißt nicht alle. Irgendwann überlegten sich Menschen, die ausländische Wurzeln hatten, dass sie weder Berliner noch Berlinerinnen seien, weder Spandauer noch Spandauerinnen, sondern eben Menschen mit Migrationshintergrund. Dies müsse der Bürgermeister auch sprachlich berücksichtigen, anderenfalls sei er doch ein Rassist. Das wollte er natürlich nicht und passte sich an: „Liebe Berlinerinnen mit und ohne Migrationshintergrund, liebe Berliner mit und ohne Migrationshintergrund! Liebe Spandauerinnen mit und ohne Migrationshintergrund, liebe Spandauer mit und ohne Migrationshintergrund!" Und alle fühlten sich angesprochen.

Ein Sprachforscher hatte dann eine geniale Idee und schlug dem Bürgermeister etwas ganz neues vor, und das fand er einfach großartig. Er begann jede öffentliche Rede von nun an mit „Liebe Berliner!"

Und endlich fühlten sich wirklich alle angesprochen.

53. Vertreterbesuch

Ehrlich gesagt, ich glaube nicht an Astrologie und Prophezeiungen. Wenn mir gegenüber ein Wahrsager behauptet hätte, ich würde die Mondlandung noch persönlich erleben, hätte ich es vermutlich nicht geglaubt. Selbst wenn er mir das erst nach der Mondlandung prophezeit hätte.

Und doch, es gibt Menschen mit erstaunlichen diesbezüglichen Fähigkeiten. Einer der größten politischen Visionäre des ausgehenden 20. Jahrhunderts dürfte wohl der Berliner Sänger Reinhard Mey gewesen sein. So beschreibt er 1970 in seinem Lied „Vertreterbesuch" einen Vertreterbesuch. Und zwar den eines Herrn von Lehmanns Geographischem Verlag, der dem damals noch nicht so berühmten Künstler an der Haustür einen Globus verkaufen wollte. Das Motto sei: „Lehmanns Globus gehört in jedes Haus!" Nach einiger Zeit unterbricht er den Vertreter und gesteht, er habe bereits einen Globus, der wäre, zugegeben, etwas alt, aber die Kontinente und Ozeane seien gut zu erkennen. Und so entwarf Reinhard Mey die folgende Vision und reimte geschickt: „Wozu brauch ich die Grenzen und wozu die Kolonien, wenn die Mächtigen der Welt die Grenzen wöchentlich neu ziehn! Ebenso ist's mit den Städten, weil mir niemand garantiert, dass nicht morgen ein Verrückter ganze Städte ausradiert!"

Nun, ganze Städte wurden zwar seitdem nicht ausradiert, trotz zahlreicher gutgemeinter Versuche. Und doch, was hat sich seitdem nicht alles verändert. Wenn Reinhard Mey den Globus damals gekauft hätte, was könnte er damit heute noch anfangen? Sicher, der Atlantik liegt immer noch an gleicher Stelle, und der Himalaja hat seine Position auch nicht wesentlich verändert. Aber Länder wie die Sowjetunion und Jugoslawien sind verschwunden, und neue, zahlreiche Staaten entstanden, die man auf dem Globus von 1970 vergeblich suchen würde.

Aber Reinhard Mey war damals nicht nur Visionär, sondern auch ein hoffnungsloser Optimist und riet dem Vertreter unvorsichtigerweise: „Schreiben Sie in ihr Notizbuch für das Jahr 2003: Nicht vergessen zu besuchen: Wegen Globus zu Herrn Mey!"

Ob der enttäuschte Vertreter 33 Jahre später tatsächlich Herrn Mey erneut aufgesucht hat, ist nicht überliefert, aber vorstellbar. Vielleicht hätte der Sänger ja – sichtlich gerührt – dem Vertreter nunmehr einen allerneusten Globus abgekauft und nun den Fehler gemacht, den er 1970 noch so geschickt vermieden hatte. Denn was wäre dieser Globus weitere 33 Jahre später überhaupt noch wert? Stellen wir uns die Situation vor. Es ist das Jahr 2036, der 94jährige Reinhard Mey komponiert sein 1000. Lied, vielleicht mit dem Titel „Ankomme Freitag den 14., Ihre hochverehrte Frau Pohl". Oder etwas nautisch-maritimes: „Die Diplomatenyacht". Dabei fällt sein Blick auf den Globus – und er erkennt die Welt nicht mehr. Sicher, der Atlantik liegt immer noch an gleicher Stelle, und der Himalaja hat seine Position auch nicht wesentlich verändert.

Aber dank Klimawandel und Meeresspiegelanstieg erblickt man auf dem Globus nun ein paar Staaten, die es längst nicht mehr gibt, beliebte Ferienländer etwa wie Dänemark oder die Malediven. Allerdings auch Holland. Grönland dagegen wäre vom Eise befreit und kein weißer Fleck mehr auf den Landkarten, sondern stattdessen ein beliebtes Badeparadies.

Und wer weiß, gäbe es dann noch all die mächtigen Staaten von heute? Oder hätten in den USA die Indianer die Macht übernommen und die Weißen in eigens dafür geschaffene Reservate untergebracht? Und gäbe es wieder ein geteiltes Deutschland, ein geteiltes Berlin, diesmal einen sozialistischen Westen und einen kapitalistischen Osten?

Überhaupt, vielleicht ist es gar nicht gut, sich einen Globus zu kaufen, denn eines Tages beweisen die Wissenschaftler wahrscheinlich am Ende doch noch, dass die Erde nur eine Scheibe ist.

54. Der berühmteste Bezirk

Berlin wird noch immer in zwei Hälften unterteilt, in einen östlichen und einen westlichen Teil. Die unüberwindbare und gut bewachte Grenze ist aber nicht mehr die Mauer, sondern die Havel, und die beiden Teile heißen Spandau und der Rest, östlich der Havel, ist Nichtspandau, also das, was man üblicherweise unter dem Begriff Berlin versteht.

Offiziell heißt Spandau Spandau, aber eigentlich ist richtiger: Spandau bei Berlin. Die Spandauer wollen wohl deshalb nichts mit dem übrigen Berlin zu tun haben, weil Spandau viel älter ist. Schon im Jahr 1197 wurde ein Dorf ähnlichen Namens erstmals erwähnt. Spandau hat 2438 Einwohner pro Quadratkilometer. Das merkt man vor allem auf dem berühmten Spandauer Weihnachtsmarkt. Überhaupt ist Spandau ein Bezirk voll mit Berühmtheiten.

Besonders berühmt ist das ehemalige Kriegsverbrechergefängnis, das einzige Gefängnis der Welt übrigens, in dem es deutlich mehr Personal gab als Häftlinge. Trotz dieses einzigartigen Betreuungsverhältnisses ist die Resozialisierung der wenigen Insassen nur unzureichend gelungen.

Leider gilt Spandau als ein kriegerischer Ort, weil hier während des Ersten Weltkriegs zahlreiche Unternehmen der Rüstungsindustrie angesiedelt waren. Aber tatsächlich gab es gerade von Spandau aus den stillen Protest gegen das Kriegswesen, baute man doch ausgerechnet in Spandau eine Waffe, dessen Name Sinnbild für nutzlose Belanglosigkeit ist, das berühmte Maschinengewehr 08/15.

In Spandau wurde übrigens auch der berühmteste Russe der Welt geboren, ein gewisser Ivan Rebroff. Und der berühmteste Bewohner von Spandau war im Jahre 1806 ein kleiner Franzose namens Napoleon Bonaparte. Hauptberuflich war er da bereits Französischer Kaiser. Er blieb etwa zwei Jahre, führte derweil ein paar kriegerische Feldzüge und verschwand dann wieder. Vielleicht gefiel ihm der Weihnachtsmarkt nicht.

Oder die Sache mit dem Kriegsverbrechergefängnis war ihm irgendwie suspekt. Berühmt ist auch die bereits im Vorwort erwähnte Schleuse, an der alle Spandauer jeden Tag mit dem Wasserspiegel der Havel herumspielen können. Deshalb wohl sind die Wasserfreunde Spandau 04 einer der erfolgreichsten Sportvereine der Welt.

Die Vereinigung von Spandau mit dem ungeliebten Rest ist ein langwieriger Prozess gewesen, der aber allen Unkenrufen zum Trotz schon nach etlichen Jahrzehnten erfolgreich abgeschlossen wurde. Die Spandauer sind nämlich längst in Berlin integriert, ja, sie zahlen sogar in der gleichen Währung. Aber sie bleiben noch immer skeptisch. Kein Wunder also, dass sie ihre berühmte Zitadelle, eine der bedeutendsten Wehrfestungen in Europa, noch immer in Stand halten. Man kann ja nie wissen.

P.S.: Wie pazifistisch die Spandauer trotz der zeitweise hier ansässigen Rüstungsindustrie sind, bewies kürzlich auf einem U-Bahnhof ein Sänger, der zur Gitarre das Lied von der weißen Friedenstaube „La Paloma" vortrug. Allerdings ging es in seiner Version um eine alte Frau, die für Bombenstimmung sorgte, die Napalm-Oma.

55. Anmerkungen zur Architektur von Berlin

Die Nationalhymne der DDR begann mit den Worten: „Auferstanden aus Ruinen…" Das galt so unmittelbar nach dem Zweiten Weltkrieg jedoch für Ost und West gleichermaßen. Tatsächlich hätte man Ost- und West-Berlin damals überhaupt nicht unterscheiden können, alles sah einfach furchtbar aus. Also genau wie heute.

Obwohl es so fürchterlich aussah, forderte während der sogenannten Berlin-Blockade der damalige Oberbürgermeister der Westsektoren, Ernst Reuter, die Menschen in aller Welt auf: „Völker dieser Welt, schaut auf diese Stadt". Er ersparte ihnen aber auch nichts. Wer wollte schon auf diese Stadt sehen? Überall in Berlin sind Gebäude aus jener Zeit ganz bewusst in diesem ruinierten Zustand belassen worden. Man denke etwa an die bekannte Kaiser-Wilhelm-Gedächtniskirche. Als ein hohles Symbol mahnt sie an die Sinnlosigkeit des Krieges. Dumm nur, dass hier ausgerechnet an Kaiser Wilhelm erinnert wird, der sicher nicht als leidenschaftlicher Pazifist gelten kann. Hätte man nicht eine andere Kirchenruine stehen lassen können?

Ein besonders merkwürdiges Objekt steht am Loewenhardtdamm in Tempelhof. Es ist schwer, rund und scheinbar völlig funktionslos. Nein, es ist nicht ein Bezirksbürgermeister. Vielmehr handelt es sich um den sogenannten Belastungskörper, mit dem seit dem Jahr 1941 herausgefunden werden sollte, ob der lockere Berliner Boden die Gebäude der künftigen Welthauptstadt Germania überhaupt tragen kann. Trug er natürlich nicht. Schon nach kurzer Zeit waren etliche Zentimeter eingesunken, und bereits in vielen tausend Jahren kann die Fläche dann endlich wieder sinnvoll als Kinderspielplatz genutzt werden.

Oder nehmen wir den Reichstag. Dieses Gebäude wurde 1894 fertiggestellt und gehört im Prinzip einer Kunstgattung an, die man Eklektizismus nennt. Eklektizismus bedeutet, dass man sich aus den vielen verschiedenen Stilrichtungen jeweils das Schlimmste heraussucht, alles möglichst geschmacklos durcheinander würfelt und den Klotz dann irgendwo hinstellt, um Touristen aus aller Welt zu erschrecken. Das ist dem Architekten hier in geradezu vorbildlicher Weise gelungen. Aber dieses furchtbare Äußere war tatsächlich funktionsgebunden. Drinnen wurde schließlich Politik gemacht. Vorne am Giebel prangt eindrucksvoll die berühmte Inschrift „Dem deutschen Volke". Ja was dem deutsche Volke? Zur Strafe? Als Warnung? Immerhin, der Architekt war französischer Abstammung. Bis 1945 trug das Reichstagsgebäude eine große Kuppel. Doch dann, in den Bombennächten des Zweiten Weltkriegs, wurde der Reichstag leider schwer beschädigt. Leider nicht vollständig. Im Mai 1945 hisste dann ein ruhmreicher Soldat der ruhmreichen Roten Armee die ruhmreiche Flagge der ruhmreichen Sowjetunion auf dem Dach des zertrümmerten Gebäudes. Dummerweise ließ er sich dabei fotografieren. Die Fahne wurde natürlich sofort wieder entfernt. Man wollte offenbar mit so einem unrühmlichen Gebäude nichts zu tun haben.

In den kommenden Jahrzehnten diente der Reichstag keinem besonderen Zweck, außer vielleicht, als beeindruckendes Symbol dafür zu stehen, welch verheerende Auswirkungen ein Architekturstudium im späten 19. Jahrhundert haben konnte. Gelegentlich fanden Ausstellungen statt oder der Reichstag diente als Kulisse für – man glaubt es kaum – Musikveranstaltungen. So erinnere ich mich an ein Konzert aus dem Jahr 1987, als vor dem Reichstag David Bowie seine vielen unbekannten Lieder sang.

Nach der Wende hatten nun auch die Ost-Berliner endlich die Gelegenheit gerade am Reichstag eindrucksvoll zu erfahren, dass auch im Westen nicht alles golden war. Ein Künstlerpaar war von dem Anblick derart schockiert, dass es spontan beschloss, den Reichstag komplett zu verpacken. Das war mal eine gute Idee! Endlich hatte der Reichstag einen Hauch von Design und Ästhetik. Er sah aus wie ein gut verschnürtes Paket, das jemand vergessen hatte, abzuholen. Jetzt trauten sich auch Touristen wieder in die Nähe des Gebäudes, ahnten sie doch, dass nunmehr vom

Reichstag keine Gefahr mehr ausgeht. Leider hielt dieser segensreiche Zustand nur kurze Zeit an. Offenbar hatten die Abgeordneten nach ein paar Tagen doch bemerkt, dass sie das Gebäude gar nicht mehr verlassen konnten.

Ganz der eklektizistischen Tradition verpflichtet wurde dem Gebäude nun eine Narrenkappe aufgesetzt – genauer gesagt: eine gläserne Kuppel – und die Scheußlichkeit war perfekt. Aber das furchtbare Äußere war tatsächlich funktionsgebunden. Drinnen wurde schließlich Politik gemacht. Spätestens jetzt hatten die Städteplaner so etwas wie Mitleid mit den Touristen. Und was tut man, wenn man einen derart fatalen Missgriff der Architektur etwas mindern will? Richtig, man baut drum herum einfach ein paar Gebäude, die noch fürchterlicher aussehen. Und so entstand das Bundeskanzleramt.

Angeblich hätte die Berliner Bevölkerung wegen der Form des Gebäudes den Begriff „Waschmaschine" erfunden. Aber das waren die Abgeordneten selbst, um die Illusion zu erzeugen, hier würde saubere Politik betrieben. Achten Sie mal auf die Ausflugsdampfer, die auf der Spree durch diese architektonische Hölle müssen. Wenn sich hier Passagiere übergeben, bedeutet das nicht unbedingt, dass sie seekrank sind. Sie haben vielleicht nur etwas Schlimmes gesehen.

56. Feste muss man feiern

Wenn sie mal lang genug in Berlin gelebt haben, dann kennen Sie das. Die Sonne lacht vom strahlend blauen Himmel, die Vöglein singen vergnügt im Geäst, und die Hunde springen ausgelassen durch die prachtvollen Grünanlagen. Dann wissen Sie: es ist mal wieder soweit. Weihnachten steht vor der Tür. Wie für Großstädter üblich, feiern alle Berliner gerne, brauchen aber, anders als andere Großstädter, keinen konkreten Anlass dazu. Gilt es doch, dabei hochgeistige Flüssigkeiten zu sich zu nehmen. Gibt es jedoch Anlässe zum Feiern, so werden diese selbstverständlich gerne genutzt. Leider dauern solche Feste nur einen Abend lang, das heißt: kaum ist man sinnlos betrunken, ist das schöne Fest auch schon wieder vorbei. Wenn man Glück hat, dann erwischt man noch die letzte U-Bahn. Deswegen hört man in Berlin oft den Satz: die Alkoholiker liegen in den letzten Zügen.

Aber es gibt Ausnahmen, nämlich die christlichen Feste. Besonders das drei Tage andauernde Weihnachtsfest erfreut sich bei der Berliner Bevölkerung besonderer Beliebtheit. Das fängt bereits bei den notwendigen Vorbereitungen an, etwa bei der Einstimmung in die weihnachtliche Atmosphäre durch den Kauf von Gebäck, Marzipan, Mandeln und Nüssen. Damit wird etwa ab Mitte September begonnen, alles wegen der Vorfreude.

Dass man zu Weihnachten Geschenke bekommt, ist schön. Weniger schön ist, dass die Lieben wie selbstverständlich erwarten, ebenso reich beschenkt zu werden. Da führt das Fest der Liebe gelegentlich schon mal in den finanziellen Ruin. Zur Vorfreude gehört natürlich auch der Besuch eines der traditionellen Weihnachtsmärkte, die es seit ein paar Jahren gibt. Kinder verzehren nicht nur nahrhafte Zuckerwatte, sondern können sich an kandierten Äpfeln freudig erregt ihre Vorderzähne ausbeißen. Mütter kaufen hier gerne kitschige Wachskerzen als hübsche Geschenke, und die Väter trinken an jedem dritten Stand einen eher lauwarmen Glühwein. Und von überall her dröhnt es aus überdimensionalen Lautsprechern ohrenbetäubend: „Stille Nacht, Heilige Nacht".

Da die Berliner grundsätzlich multikulturell veranlagt sind, lieben sie es, wenn bei solchen Gelegenheiten das diesbezügliche wertvolle deutsche Liedgut durch ausländische Interpreten ebenso multikulturell verunstaltet wird.

Etwa, wenn der stimmgewaltige Amerikaner Nat King Cole in seiner Version von „O Tannenbaum" demselben unfreiwillig komisch zuruft: „Du grunzt nicht nur zur Sommerszeit!" Offenbar glaubte Nat King Cole, dass man hierzulande nicht einen Weihnachtsbaum mit Lametta und Kugeln behängt, sondern ein lebendiges Wildschwein.

Eine weitere notwendige Vorbereitung für ein gelungenes Weihnachtsfest ist der Kauf eines Weihnachtsbaumes. Auch hier haben die qualitätsverwöhnten Berliner die Möglichkeit, etwa ab Ende Oktober an Verkaufsständen über den Erwerb dieses botanischen Zimmerschmucks nachzudenken. Aber die Berliner sind nun mal pragmatisch. Da sie den Baum ja nur für ein paar Tage brauchen, bevorzugen sie es, sich für die Festtage einfach einen Baum auszuleihen.

Zum Beispiel aus dem Grunewald. Schließlich stehen dort in der kalten Jahreszeit zahllose Nadelbäume mehr oder weniger nutzlos herum. Damit nicht andere ebenfalls auf diese Idee kommen, findet die kurzfristige Entnahme meistens nachts statt.

Bedenkt man, dass man mit einem einzigen gezielten Axthieb den Baum vom eiskalten und hartgefrorenen Boden befreit, und ihn stattdessen in die warme Stube zu Besuch einlädt, tut man doch eigentlich ein gutes Werk. Das spürt ein Baum sicher auch. Die anderen zurückbleibenden Bäume beneiden ihn vermutlich sogar darum. Gerne wird der nadelige Mitbewohner mit Lametta und echten Kerzen geschmückt, schließlich lieben die Berliner das Risiko und sind bestens geübt im Bekämpfen von Zimmerbränden.

Dann endlich ist Heiligabend da, der langersehnte Augenblick der Bescherung. Nun kommt es zu dramatischen Fällen von

Menschenrechtsverletzungen. Viele Kinder werden von ihren Eltern gnadenlos erpresst, müssen sie doch Gedichte aufsagen oder Lieder mit peinlichem Inhalt singen, weil ihnen sonst die Übergabe der Geschenke verweigert wird. Kleinere Kinder werden durch den Anblick eines Weihnachtsmannes gequält. Ein Mann mit rotem Mantel und weißem Kunstbart behauptet, er käme aus dem verschneiten Wald. Dabei bemerkt selbst das Kleinkind, dass er dem Geruch nach bestenfalls aus der nächsten Eckkneipe kommt.

Dann packen alle ihre Geschenke aus und fragen sich, während das Papier nur so knistert, wie man das schöne Geschenk wohl unauffällig entsorgen kann. Oder wieviel man dafür bei einer Versteigerung im Internet bekommen könnte. Heimlich beobachtet man die anderen Familienmitglieder und sieht in den strahlenden Gesichtern und glänzenden Augen die berechtigte Frage „Was soll ich denn damit?"

Kinder können ihren Ärger meistens nicht so geschickt verbergen. Sogar der 16jährige Knabe fängt an zu weinen, weil er nur ein Buch über die Fußballweltmeisterschaft 1978 bekommen hat und nicht eine Harley-Davidson XR 1000 mit luftgekühltem Viertaktmotor und Rundschiebervergaser. Dabei hatte er sich das doch so sehr gewünscht. Auf diese Weise erlernen junge Berliner, was der Satz bedeutet: „Da haben wir die Bescherung!"

Nachdem das Entsetzen über die beschämende Gabenverteilung der Erkenntnis gewichen ist, es hätte ja alles noch viel schlimmer kommen können, folgt das Abendessen im Kreise der Lieben. Traditionell werden Karpfen oder Gans gereicht. Oder exotische Speisen wie Würstchen und Kartoffelsalat. Aber die flexiblen Berliner sind auch mit Spaghetti Bolognese zufrieden, vielleicht als Reminiszenz an das christlichste aller Länder. Da fließen dann auch literweise Rotwein. Selbst die Erwachsenen trinken mit.

Da Weihnachten das Fest der Liebe ist, können alle Familienmitglieder nach dem Essen ihren Interessen nachgehen. Kinder spielen, in dem sie sich mit ihren Geschenken oder Marzipankugeln bewerfen. Oder sie stellen mit dem Weihnachtsbaum beliebte Filme nach, etwa „Am Anfang war das Feuer" oder „Flammendes Inferno".

Andere Familienmitglieder begeben sich erwartungsfroh in die Küche, um sich dort stundenlang am Abwasch zu erfreuen. Oder man versammelt sich gemütlich im Wohnzimmer vor dem Fernseher. Vielleicht läuft ja gerade einer jener inhaltslosen, technisch aber sehr niveauvollen Animationsfilme mit sprechenden Ameisen und singenden Blumen, kurzum: ein idealer Film für die ganze Familie. Zum Beispiel, um sich mal ausgiebig zu unterhalten.

Aber da es das Fest der Liebe ist, läuft ein monumentaler Spielfilm, in dem Menschen gequält, gedemütigt und ermordet werden. Und als Höhepunkt sieht man dann die grausame öffentliche Folterung eines Mannes, der bei lebendigem Leibe an ein Kreuz geschlagen wird. Und als sei das noch nicht genug, setzt ihm die johlende Masse eine Dornenkrone auf. Kein Wunder also, dass die Berliner sich am Heiligabend angesichts solch schockierender Szenen sinnvoll betrinken müssen. So ist das eben, Weihnachten: das Fest der Liebe.

P.S.: Wem der Erwerb eines Weihnachtsbaumes zu teuer ist und den heimlichen Weg in den Grunewald scheut, hat noch eine weitere Möglichkeit. Erfahrungsgemäß liegen etwa ab dem 28. Dezember auf Berlins Straßen solche Bäume herum, oft genug sogar noch mit etwas Lametta behangen. Da spart man doppelt, eine sehr günstige Gelegenheit. Andererseits, warum nicht einfach mal ein bisschen innovativ sein, vielleicht freut sich ja die Yuccapalme in der Ecke ein wenig, wenn sie mit brennenden Kerzen und glitzernden Kügelchen behangen wird. Oder das Lametta wird einfach um einen schönen Zimmerkaktus gelegt. Es kommt doch nur auf die Atmosphäre an.

57. Februar

Der Februar ist in Berlin – jedenfalls statistisch gesehen – der eindeutig kälteste Monat im Jahr. Das heisst, hier ist die Chance am größten, dass Regenwasser nicht in der gewohnten flüssigen Form, sondern in Gestalt kleiner hexagonaler Kristalle herniederfällt und die Stadt in ein weißes Kleid hüllt. Nur ungern verlässt man das warme Heim, und ganz Berlin erscheint dann völlig verweißt. Es ist die Zeit, in der Kinder Schlitten fahren können und Schneeballschlachten feiern und die Stadtreinigung den baldigen Klimawandel herbeisehnt. Es ist aber auch die Zeit der Autounfälle, glatteisbedingter Knochenbrüche und die der grippalen Effekte, der Erkältungen und Fieberschübe, die Zeit des Hustens und Niesens. Anders gesagt: der Februar ist der schönste Monat in Berlin.

Vorausgesetzt, man ist als Grippevirus zur Welt gekommen. Da kann man in der kältesten Zeit des Jahres persönliche Bekanntschaft mit vielen Berlinern machen und garantiert so die Grundversorgung der Stadt mit den wichtigsten Erkältungskrankheiten. Das muss man aber auch verstehen, denn das Weiterreichen von Erkältungen ist nun mal die einzige Freude im allzu kurzen Dasein der kleinen Wesen. Diese Viren stammen aus der Gruppe der Orthomyxoviridae. Merke: die Namen sind meist größer als die Objekte selbst.

Aber natürlich gibt es probate Hausmittel. Etwa eine ausgepresste Zitrone, dazu ein wenig Zucker und das ganze anschließend mit heißem Wasser aufgießen. Das schmeckt ungefähr so, wie es klingt. Man muss jetzt nur noch dieses Gebräu mit einem gewissen Heldenmut herunterwürgen, um die Viren bei ihrem destruktiven Tun zu überraschen.

Aber es gibt nichts Gutes, das nicht irgendwie verbessert werden könnte. So verdanke ich die folgende, geradezu gesundheitserregende Variante einer bezaubernden Lehrerin aus dem Prenzlauer Berg. Sylvia empfiehlt nämlich, die trübe Plempe mit 4-5 dünnen Scheibchen frischen Ingwers anzureichern und – Prenzelbergerinnen sind raffiniert! – statt der Zitrone einfach eine geschmacksverbessernde Limette zu nehmen. Und zwar eine pro großes Glas, wie sie betont. So wird aus dem Foltersaft der schmackhafte Sylvianische Zaubertrank, der bei den Viren auf dem Index steht und aus dem Februar wirklich den schönsten Monat in Berlin macht. Merci, my dear!

Der Februar ist in Berlin aber auch der Monat, in dem alljährlich ein gewaltiges Kunstspektakel stattfindet, die sogenannte „Berlinale". Gefühlte hunderttausend Fotoreporter knipsen ununterbrochen tausend Prominente – oder solche, die dazu gemacht werden sollen –, die auf ausgebreiteten roten Teppichen herumstolzieren müssen. Die Hauptaufgabe der Medien ist es in dieser Zeit, in Gestalt hysterisch völlig überzogener Berichte den Eindruck zu erwecken, dies sei nun das wichtigste Ereignis seit den Kreuzzügen. Eine Zeit, in der immer so getan wird, als ginge es hier um alles oder nichts. Und das stimmt genau: es geht um nichts.

Eine Woche lang laufen rund um die Uhr in allen Kinos furchtbar viele Spielfilme, die künstlerisch wertvoll sind und als wenig unterhaltsam gelten. Der am wenigsten langweilige Film bekommt am Ende einen tollen Preis und darf dann als erster im Archiv verschwinden.

Kurzum, es ist die Woche, in der die Berliner gerne mal in den Skiurlaub fahren und in die Stadt zurückkehren in der Hoffnung, sie in einem einigermaßen normalen Zustand vorzufinden. Womit die Berliner allerdings nicht gerechnet haben: die Preisrichter irren sich jedes Jahr und vergeben den Preis jeweils im nächsten Jahr noch einmal.

Daher heißt es ja auch Preisverleihung. Obwohl Vergebung in diesem Fall wirklich besser wäre.

58. Früher war alles besser

Fragt man heutzutage junge Berliner, wie sie sich ihre Zukunft vorstellen, hört man meistens so etwas wie: „Na, Hauptsache besser als heute!" Fragt man dagegen Berliner, die älter als 20 Jahre sind, klingt das meistens noch pessimistischer, denn, so die trübe Erkenntnis: früher war alles besser. Aber – ehrlich gesagt: das stimmt.

Zum Beispiel konnte man früher den Kurfürstendamm entlang schlendern und dabei noch von ehrlichen Hütchenspielern betrogen werden. Oder man denke nur an die Straßenmusiker in den großen Geschäftsstraßen, die allein dafür sorgten, dass man sich nicht zu lange vor den Schaufenstern aufhalten konnte. Kartenkontrolleure im öffentlichen Nahverkehr erkannte man an den hübschen Uniformen. Und das Fernsehen hatte noch einen sogenannten Bildungsauftrag, ein Fremdwort, dessen tiefere Bedeutung jungen Berlinern heute überhaupt nicht mehr zu vermitteln sein dürfte.

Oder nehmen wir ein anderes bekanntes Beispiel. Früher wurde nämlich schneller und effektiver gearbeitet. Stichwort Bundestag. Nicht das, was Sie jetzt denken. Natürlich wurde im Bundestag schon immer gründlich und daher langsam gearbeitet. Weniger gründlich und dafür schnell wurde nur gearbeitet, wenn die Abgeordneten sich ihrer Verantwortung bewusst wurden, weil wichtige Entscheidungen anstanden, zum Beispiel Diätenerhöhungen.

Nein, gemeint ist hier die U-Bahnstation „Bundestag". Sie heißt so, weil sie sich direkt am Reichstag befindet. Wer diese Strecke jeden Tag benutzen soll, ist unklar. Die Abgeordneten sicher nicht, schließlich kann man ihnen nicht die Konfrontation mit unbekannten Menschen zumuten. Dieser Bahnhof bildet den Mittelpunkt der Linie U55, die nur drei Stationen umfasst. U55 heißt diese Linie, um die Berliner „nicht zu verwirren", wie es offiziell hieß. Was aber kann verwirrender sein, als in einer Stadt mit neun U-Bahnlinien einer weiteren willkürlich die Nummer 55 zu geben? An dieser U-Bahnlinie, die gerade mal 1800 m lang ist, wurde immerhin 14 Jahre lang gearbeitet. Das muss man sich mal vorstellen. In 14 Jahren gerade mal drei Bahnhöfe. Das Berliner U-Bahnnetz besteht aus 173 Bahnhöfen. Wenn man früher auch so langsam gearbeitet hätte, dann – das lässt sich leicht ausrechnen – hätte die Bauzeit des gesamten Netzes immerhin 727 Jahre und drei Monate gedauert. Früher war eben doch alles besser.

59. Berlin im globalen Brennpunkt

Die meisten Städte auf dieser Erde haben wenigstens eines gemeinsam: sie sind nicht Partnerstädte von Berlin. Glück gehabt. Lediglich 17 Städte sind derzeit in dieser ambivalenten Situation. Städte wie Los Angeles, London und Warschau zum Beispiel müssen sich bis heute mit diesem Zustand irgendwie arrangieren. Schaffen das aber auch ganz gut.

Merkwürdigerweise gehört Wien, die schöne alte österreichische Kaisermetropole, nicht zu Berlins Partnerstädten. Das ist deswegen so merkwürdig, weil Wiener und Berliner eine Menge gemeinsam haben. So sind beide auch als Nahrungsmittel bekannt. Das haben beide zwar mit Frankfurt und Hamburg, nicht aber mit Paris gemeinsam.

Außerdem sind Berlin und Wien nach dem Zweiten Weltkrieg jeweils in vier Besatzungszonen unterteilt gewesen. In die vier gleichen sogar. Selbst wer sich überhaupt nicht für Geschichte interessiert, weiß das. Denn in dem bekannten Film „Der dritte Mann" aus dem Jahr 1949 wird genau das thematisiert. Vor dem Hintergrund des gevierteilten Wiens wird eine spannende Geschichte erzählt. Hier zeigt sich allerdings, dass die Wiener irgendwie viel schneller als die Berliner waren.

Denn: ein Film, der Schwarzmarkt, Mord, ein großes Riesenrad, unverständliche Dialekte und hübsche Friedhöfe zeigt, der schon vom Titel her an das Skatspiel erinnert und – vor allem im letzten Abschnitt – ausschließlich in der Kanalisation spielt, in Dreck, Abwasser und Fäkalien, und das alles in Schwarzweiß – das wäre nun wirklich Berliner Vorrecht gewesen.

Stattdessen hat sich Berlin in dieser Zeit filmisch in dem Streifen „Berliner Ballade" ein eher weniger bedeutendes Denkmal gesetzt. Als ob alle Berliner mit Vornamen Otto und mit Nachnamen Normalverbraucher heißen würden.

Ein Ort auf dieser Welt ist allerdings keine Partnerstadt von Berlin, und wird es auch nie werden. Und zwar Hohenwulsch. Ein nettes, kleines Städtchen in Sachsen-Anhalt. Seit dem letzten gemeinsamen Fernsehauftritt von Hans-Joachim Preil und Rolf Herricht – den bedeutendsten Humoristen Deutschlands – in der beliebten Sendung „Ein Kessel Buntes" ist Hohenwulsch gut bekannt. Weil man von da aus nämlich mit der Bahn direkt nach Budapest fahren kann. Angeblich. Und Budapest ist ja schließlich auch eine Partnerstadt von Berlin.

60. Im Supermarkt

Ein nicht zu unterschätzender Vorteil in einer Großstadt ist das Vorhandensein von Supermärkten, in denen alles käuflich zu erwerben ist, was man täglich im Haushalt braucht. Man muss also nicht mehr das Brot beim Bäcker, die Wurst beim Metzger und die Drogen in der Drogerie kaufen. Aber nicht nur, dass hier alles auf einem überschaubaren Fleck konzentriert ist, nein, diese Läden sind auch durch moderate Öffnungszeiten ausgesprochen kundenfreundlich.

Gerade ist es zum Beispiel 19 Uhr 30, und alle Bäcker schlafen schon. Ich aber entschließe mich, noch rasch etwas einzukaufen und begebe mich zu einem nahegelegenen Supermarkt. In zwei Reihen stehen draußen ein paar Einkaufswagen. Sinnigerweise hat irgendjemand dort einen ungewöhnlich hässlichen Fox-Terrier angeleint, genau vor einer dieser Reihen. Das Tier kann nichts dafür, denke ich, sonst hätte ich ihn überfahren können. Ich nehme also einen Wagen von der anderen Reihe und betrete das Geschäft. Es ist angenehm kühl und vor allem erfreulich leer. Wie immer im Leben weiß ich ganz genau, was ich will: Koch-schinken, einen Joghurt, Milch und eine Flasche Wein.

Zielsicher bewege ich mich durch den mir wohlbekannten La-den. Da sehe ich, dass in gebührender Entfernung eine Frau in einer blauen Jacke den Schinkenstand komplett blockiert, näm-lich durch ihren Einkaufswagen und ihre beachtliche Leibesfülle. Als ich dort ankomme, ist sie immer noch damit beschäftigt, alle Waren zu vergleichen. Aufmerksam studiert sie die angebotenen Produkte, so, als wolle sie sämtliche Informationen auswendig lernen. Zeitbewusst wie ich nun mal bin, entschließe ich mich, zunächst den Erwerb des Joghurts vorzuziehen und entferne mich vorläufig vom Schinkenstand.

Die Joghurtbecher dokumentieren durch bunte Bildchen, was unter den Deckeln zu vermuten ist. Ich entschließe mich für einen, der, dem Aufdruck zufolge, nach Banane schmecken müsste. Eher beiläufig fällt dabei mein Blick auf das Haltbarkeitsdatum. Ein Augenblick der Rührung überfällt mich, denn der Bananenjoghurt ist noch exakt bis zum 50. Geburtstag eines guten Freundes haltbar. So ein Zufall.

Bedenklich stimmt mich allerdings der Umstand, dass dieser Geburtstag ja schon vor drei Wochen war. Ich stelle skeptisch den Becher zurück ins Regal, obwohl der Deckel „bakterielle Kulturen" verspricht. Mir ist bekannt, dass sich einige Bakterien jede Stunde durch Zellteilung vermehren können. Drei Wochen, das sind über 500 Stunden. Wenn nun jede Bakterie pro Stunde zwei neue hervorbringt, und diese sich exponentiell vermehren, dann müsste...

Ich überschlage die Werte grob und komme auf eine astronomisch hohe Zahl von Bakterien, die sich derzeit im Joghurt aufhalten müssten. Ich bin ehrlich beeindruckt vom Fassungsvermögen dieses unscheinbaren kleinen Bechers und versuche mir vorzustellen, was wohl passiert, wenn man ihn öffnet. Würde das bakterielle Biogas sich mit dem Luftsauerstoff zu einer hochexplosiven Mischung verbinden? Ich entschließe mich, auf das Experiment vorsichtshalber zu verzichten und kehre zum Schinkenstand zurück.

Ganz unerwartet steht dort noch immer die Frau mit der blauen Jacke und studiert nach wie vor die diversen Schinkensorten. Allerdings telefoniert sie nun dabei und berichtet ihrem Gatten ausführlich von der gesamten Produktpalette. Dieser, vermutlich ein international anerkannter Schinkenexperte, hört nur zu. Jedenfalls plaudert sie ununterbrochen und informiert ihn über die verwendeten Gewürze, über Konservierungsstoffe und Antioxidationsmittel. Ich beschließe, mich zu ergeben und suche die Milchtheke auf. Dort angekommen, stelle ich überrascht fest, dass sie nicht mehr da ist, wo sie vorgestern noch stand.

Das ist ein weiterer Vorteil, den Supermärkte bieten. Dadurch, dass immer wieder umgebaut wird, kann die geistige Mitarbeit der Kunden gefördert werden. Da wird der Einkauf niemals zur Routine. Schon nach wenigen Minuten finde ich den Milchstand, der diesmal besonders raffiniert versteckt wurde. Ich lege also einen Liter Milch in den Wagen, nachdem ich instinktiv das Haltbarkeitsdatum kontrolliert habe und begebe mich zurück zum Schinkenstand.

Die korpulente Frau mit der blauen Jacke hat zwar ihr Telefonat beendet, verharrt aber immer noch samt Einkaufswagen in der Ausgangsposition. Penibel vergleicht sie alles, was sie in die Hände bekommt. Und da dämmert es mir. Sie will überhaupt nichts kaufen, sondern sie will nur verhindern, dass andere etwas kaufen. Eine militante Vegetarierin. Das ist des Rätsels Lösung oder vielleicht des Lösungs Rätsel. Für sie ist das hier kein Supermarkt, sondern ein Ort für den stillen Protest gegen Massentierhaltung.

Aber nicht mit mir, denke ich, und entwerfe einen perfiden Plan. Ich begebe mich ganz leise und unauffällig an den direkt daneben gelegenen Wurststand, ergreife triumphierend ein Päckchen Pfeffersalami und werfe sie mit einer provozierenden Geste in meinen Wagen. Merkwürdigerweise lässt sich die Frau mit der blauen Jacke von dieser Provokation aber nicht zu einer unüberlegten Handlung verleiten. Sie beschimpft mich nicht und versucht mir auch nicht, das Kaufgut aus dem Wagen zu entwenden. Sie will nicht mal mit mir diskutieren.

Siegreich fahre ich mit meinem Einkaufswagen davon, um nun rasch noch die gewünschte Flasche Wein zu erwerben. Ein Köpenicker Landwein wäre schön. Dann rasch zahlen, einpacken und nach Hause. Und nun mache ich einen Fehler. Ich halte mich nämlich etwas zu lange am Weinsortiment auf, das übrigens genau da steht, wo sich noch vorgestern die Milchtheke befand.

Da sehe ich im Augenwinkel die Frau mit der blauen Jacke in raschem Tempo an mir vorbeifahren. Will sie sich bei der Kassiererin beschweren, dass sie hilflos mit ansehen musste, wie jemand eine wehrlose Pfeffersalami kaufte, vor ihren eigenen Augen? War sie auf der verzweifelten Suche nach einer Tüte Milch? Oder hatte sie versehentlich einen Bananenjoghurt geöffnet?

Ich begebe mich vorsichtshalber zur Kasse und habe Glück, denn nur drei Personen stehen vor mir, eine junge Frau mit einem Kinderwagen, ein älterer Herr ohne Kinderwagen und die Frau mit der blauen Jacke. Gerade ist die Frau mit dem Kinderwagen dabei, ihre Lebensmittel einzupacken. Mir war gar nicht aufgefallen, dass es heute Kinderwagen im Angebot gab. Es stellt sich rasch heraus, dass es ihr eigener ist. Sie will auf diese Weise dem schlafenden Säugling zeigen, wie es in einem Supermarkt so zugeht. Sie ist eine moderne Frau, denn sie zahlt selbstverständlich nicht in bar, sondern mit einer Karte, schon, damit es etwas länger dauert. Leider scheint irgendwas mit ihrer Karte nicht zu stimmen, jedenfalls kann sie damit nicht bezahlen.

Sie ist aber nicht nur eine moderne Frau, sondern auch verheiratet und benutzt nun die Karte ihres Mannes. Dafür muss sie allerdings mal eben diesen anrufen, weil sie leider die Geheimzahl vergessen hat. Ihr Gatte ist offenbar ein vielbeschäftigter Geschäftsmann. Sie schildert ihm das Problem und er verspricht ihr, sofort zurückzurufen. Tatsächlich, schon nach wenigen Minuten ist der Kauf der Haushaltswaren erfolgreich abgeschlossen.

Nun ist der ältere Herr dran. Er hat keinen Einkaufswagen dabei, sondern seine Sachen allesamt in einem Pappkarton transportiert, diesen dann abgestellt und alles ordentlich auf das Band gelegt. Er sieht der Kassiererin gelassen zu, wie sie die Gegenstände über den Scanner fliegen lässt, um die jeweiligen Preise zu erfassen. Merkwürdigerweise macht der Mann dabei überhaupt keine Anstalten, die Brote, Flaschen, Büchsen und Dosen schon mal einzupacken. Will er sie am Ende gar hier lassen?

„Siebzehn Zwanzig!" sagt sie Kassiererin. Nun ist genau zu beobachten, wie bei dem älteren Herrn ein komplexer Gedankenprozess in Gang kommt, der mit der Erkenntnis endet, dies müsse wohl der Betrag sein, den er nunmehr zu zahlen habe. Dies führt schon kurze Zeit später zu einer weiteren Einsicht, nämlich, dass er, ohne dabei in falsche Hektik zu verfallen, sein Portemonnaie suchen müsste. Er überzeugt sich zunächst gewissenhaft, dass es nicht in der linken Jackentasche ist und findet es dann in der rechten Tasche auch nicht. Aha, eine Innentasche erweist sich schließlich als unerwartete Geldquelle.

Mit einer ruhigen Gelassenheit, wie sie nur ältere Menschen aufweisen, die schon so viel erlebt haben, reicht er der Frau an der Kasse einen Geldschein. Noch immer schickt er sich nicht an, seine Waren einzupacken, sondern sieht der Kassiererin fasziniert zu, wie sie das Kleingeld zusammensucht. Wie viele rätselhafte Vorgänge findet nun auch die Weigerung des Herrn, seine Waren einzupacken, eine ganz einfache Erklärung. Als er nämlich das Geld ergreift, gibt er der Frau an der Kasse eine Münze zurück und äußert den Wunsch nach einer Tragetasche. Nun hat er endlich die Möglichkeit, alles einzupacken – natürlich ganz vorsichtig und langsam, damit auch nichts davon zu Schaden kommt.

Da drängt sich die Frau mit dem Kinderwagen noch mal dazwischen, und wedelt aufgeregt mit dem Kassenzettel. Sie reklamiert, ob denn der Rosenkohl nicht im Angebot gewesen sei, auch könne die Angabe beim Katzenfutter irgendwie nicht stimmen. Sie diskutiert aufgeregt mit der Kassiererin und schon nach wenigen Minuten stellt sich heraus, dass alles in Ordnung ist. Na, Kontrolle sei schließlich notwendig, man wisse ja nie, sagt die Frau mit dem Kinderwagen und verlässt nun endgültig den Supermarkt.

Jetzt ist endlich die Frau mit der blauen Jacke an der Reihe. Meine gewagte Interpretation, sie müsse eine militante Vegetarierin sein, erweist sich nun als grandioser Irrtum. In ihrem Wagen befinden sich mehrere Schwarzwälder Kochschinken, Parmaschinken, Räucherschinken und Kräuterschinken, außerdem jede Menge Wurst und Käse. Sie packt alles, was bereits preislich erfasst wurde, sofort in eine mitgebrachte Tasche. Klug mitgedacht! denke ich.

Und dann, wie so oft im Leben, passieren nun zwei Dinge fast gleichzeitig. Während nämlich die Kassiererin „Neunzehn Vierzig" sagt, klingelt das Handy der blaubejackten Frau. Es ist, welch Freude, ihre beste Freundin. Sie sei gerade im Supermarkt, sagt die Frau vor mir, und sie stünde auch gerade an der Kasse, dies sei also ein besonders guter Augenblick für ein Gespräch. Nach einer kurzen Pause fragt sie: „Was macht es denn?" „Na, Neunzehn Vierzig" wiederholt die Kassiererin mit einem leichten Hauch von Ungeduld. Alles stellt sich als Missverständnis heraus. Sie hatte gar nicht die Kassiererin nach dem Preis gefragt, sondern sich bei der besten Freundin nach dem Wohlbefinden ihres neuen Meerschweinchens erkundigt. „Was macht es denn?" lachen die beiden Damen und amüsieren sich köstlich über dieses eloquente Wortspiel. Nun entschließt sich die Frau mit der blauen Jacke, tatsächlich zu bezahlen und legt allerlei große und kleine Münzen auf den Tisch. Noch fehlt Einiges und immer kleinere Münzen stapeln sich übereinander. Erstaunlich, was so alles in diese kleine Geldbörse geht, denke ich. Schließlich stellt sie fest, dass es nur mit Münzen nicht geht und sammelt unbeholfen alles wieder ein. Dann legt sie der Frau an der Kasse einen großen Geldschein hin und nimmt das Wechselgeld entgegen.

Nun bin ich endlich dran. „Acht Zwanzig" sagt sie. Ich lege die genaue Summe hin und verlasse den Laden. Draußen sehe ich noch, wie die Frau mit der blauen Jacke verschwindet, an der Leine einen ungewöhnlich hässlichen Fox-Terrier.

61. Nachbarn

Wer auf dem Land lebt und zum Beispiel einen Bauernhof in der Prignitz hat, für den ist der Nachbar ein freundliches und soziales Wesen, auf das man sich immer verlassen kann. Die Grenze zum nächsten Grundstück ist ein Zaun oder eine Hecke oder einfach nur eine gedachte Linie.

Wenn man in einer Großstadt wie Berlin lebt, ist der Nachbar zumeist kein freundliches und soziales Wesen, auf das man sich verlassen kann, und die Grenze ist auch meistens kein Zaun oder eine Hecke und schon gar nicht eine gedachte Linie. Stattdessen sind es in großen Wohnsilos dicke Betonwände, die einem normalerweise noch nicht einmal selbst gehören. Aufgabe der Wände ist es, den eigenen Wohnraum vor dem Zugriff der Nachbarn zu schützen und außerdem dafür zu sorgen, dass die nächsthöhere Etage gefälligst da bleibt, wo sie ist. Im Idealfall ist man also von allen Seiten von Nachbarn umzingelt.

Wie so oft im Leben, gilt für mich der Idealfall. Da ist zum Beispiel links neben mir dieses ältere Ehepaar. Die beiden mögen um die siebzig sein und sind scheinbar auch schon genauso lange verheiratet. Sie passen wunderbar zusammen, denn sie teilen eine gemeinsame Eigenschaft: sie sind extrem streitlustig. Beim Bau der Wände wurde offenbar eine spezielle Betonmischung verwendet, die akustische Wellen besonders effektiv weiterleitet. Dank dieser kommunikationsfreundlichen Bauweise erfährt man nicht nur, dass sie sich streiten, sondern auch worüber. Nichts war herzerfrischender, als ihrem täglichen Gebrüll zuzuhören, spannender als jeder Kriminalfilm im Fernsehen.

Die Frau unter mir hört man dagegen fast gar nicht. Um die Hausgemeinschaft aber an ihrer Kommunikation teilhaben zu lassen, hat sie sich einen besonderen Trick ausgedacht. Sie lädt sich gelegentlich Bekannte ein, und wenn diese dann wieder gehen, werden sie im Hausflur, vor der Wohnungstür, noch in ein kurzes Gespräch verwickelt, das gewöhnlich mit „Ach, was ich ja noch sagen wollte..." beginnt. Das kann dann länger dauern als der eigentliche Besuch.

Die Nachbarn über mir schließlich sind ein Paar mittleren Alters. Zunächst hörte ich die beiden nur, wenn sie in ihrer Wohnung hin und her gingen. Bevor ich die Frau das erste Mal sah, führten mich die stampfenden Geräusche zu der Idee, die beiden könnten sich als Haustier vielleicht ein Nilpferd halten. Beim Betrachten der Standard-Badewannen verwarf ich jedoch diesen naheliegenden Gedanken, in einer so kleinen Wanne kann sich der afrikanische Koloss nicht wohlfühlen. Hier hat der moderne Wohnungsbau klar versagt.

Als ich die Frau dann sah, wurde mir einiges klar. Sie war, wie es freundlich heißt, einfach nur viel zu klein für ihr Gewicht. Sie hat übrigens ein interessantes Hobby: die moderne Haushaltselektronik. Von Anfang an wurde deutlich, dass sie dabei eine sehr skeptische und kritische Nutzerin dieser Geräte ist. So muss sie alle zwei Tage testen, ob die Waschmaschine noch funktioniert und bei welcher Umdrehung im Schleudergang der Fußboden nachgibt. Noch weniger Vertrauen hat sie offenbar in ihren Staubsauger, denn der wird jeden Tag mehrmals überprüft.

Eine besondere intellektuelle Herausforderung sind dabei die kritischen und schwer zugänglichen Stellen um die Heizungsrohre. Das Krachen gegen diese Rohre hallt auf diese Weise durch das ganze Haus. Ich habe natürlich versucht herauszufinden, ob es sich um Morsezeichen handelt, aber das schien nicht der Fall zu sein. Es hätte ja schließlich sein können, dass es sich bei dem brutalen Dreschen gegen die Heizungsrohre um versteckte Hilferufe handelt.

Um nicht missverstanden zu werden: das hat auch Vorteile. So kann es einfach nicht mehr vorkommen, dass ich den Sonntag bis zum Mittag verschlafe – nein, ein helles Scheppern um acht Uhr morgens verhindert, dass ich den Vormittag nutzlos verbringe. So hat doch alles sein Gutes.

Der Lebenspartner dieser reinlichen Person ist eher zu groß für sein Gewicht. Auch er lebt nach dem Motto: „Ich scheppere, also bin ich". Seine ganze Liebe gilt dem Sägen und Bohren. Besonders die Bohrmaschine hat es ihm angetan, und jahrelang waren aus der Wohnung über mir diese beklemmenden Geräusche der Betonpenetration zu hören. Ich wollte mal ausrechnen, ob es in ihrer Wohnung denn überhaupt noch einen unbebohrten Quadratmeter Wandfläche gab. Ich muss mich dabei aber völlig vertan haben, denn nach meinen Berechnungen gab es da oben überhaupt keine Wände mehr.

Manchmal gibt es Phasen, in denen er lieber die Handkreissäge benutzt, um zum Beispiel große Holzplatten in kleine Holzplatten zu verwandeln. Hierzu öffnet er die Wohnungstür und praktiziert die Sägearbeiten im Hausflur. Das hat zwei Vorteile. Erstens können sich alle Hausbewohner vom Fleiß und der Geschicklichkeit des Herrn überzeugen. Und zweitens kann nach getaner Arbeit seine Gefährtin den Staubsauger auch im Hausflur einsetzen, um die dicke Holzspanschicht geräuschvoll zu entfernen. Gut mitgedacht!

Wenn solche Bastelarbeiten nicht anstehen und sich partout nichts mehr zerkleinern lässt, dann widmet er sich seiner kostbaren Musikanlage. Da er Mitleid mit jenen bedauernswerten Menschen hat, die nicht über solche Wunder der Elektronik verfügen, macht er die Musik schon mal etwas lauter und lässt seine Nachbarn wenigstens an der durchdringenden Wirkung der Bässe teilhaftig werden. Eine entfernte Verwandte – sie wohnte nämlich in Australien – beklagte einmal, ihre Nachbarn würden zu Sylvester immer komplett ausflippen und ausprobieren, wie laut ihre Musikanlagen waren. Und ob das bei mir auch so sei. Nein, sagte ich wahrheitsgemäß, meine Nachbarn sind da anders. Die machen so etwas das ganze Jahr über.

Der Herr über mir hat allerdings ein Problem. Wenn er mal eben zum Briefkasten geht, um nach der Post zu schauen, oder gar einkaufen will, kann er keine Geräusche dieser Art erzeugen. Er kann ja schlecht den Bohrer oder die Stereoanlage mitnehmen. Er nutzt daher eines der ältesten Methoden der menschlichen Geräuscherzeugung: er singt dabei so laut es geht ein Liedchen.

Oder er deutet einen Tarzanschrei an, um zu verkünden, dass er der unbezwingbare Herr des Treppenhauses ist.

Wenn es in der Wohnung über mir mal tatsächlich überhaupt nichts zu hämmern, zu zersägen oder zu bohren gibt und kein Nilpferdstampfen erklingt, wenn weder Waschmaschine, Staubsauger oder Musikanlage in Betrieb sind, dann machen die beiden etwas, was sich aus den Geräuschen selbst nicht erklären lässt. Es klingt so, als ob irgendwelche Gegenstände aus einer gewissen Höhe auf den Fußboden fallen. Immer wieder hörte man dann dumpfes Gedröhn. Zuerst dachte ich, dass sie, vielleicht für eine Schulaufführung, alte indianische Stammestänze einstudieren. Aber dafür waren die Geräusche zu unregelmäßig, und ihr Abstand doch etwas zu groß. Üben sie vielleicht Kugelstoßen? Verwenden sie dafür möglicherweise ein Bügeleisen? Immerhin, so ein Bügeleisen ist ja sonst leider völlig geräuschlos und würde wenigstens auf diese Weise einen Sinn haben. Oder besitzen sie doch ein Nilpferd, das ab und zu einen Haufen macht? Ich gebe allerdings zu, ich weiß wirklich nicht, wie es klingt, wenn in einer modernen Zweieinhalbzimmerwohnung ein Nilpferd einen Haufen auf die Auslegeware macht.

Eines Tages, ich weiß noch genau, es war ein Sonntagvormittag im August, geschah etwas Seltsames. Ich trank gerade eine Tasse Kaffee und hatte mir ein Brot mit Pfeffersalami gemacht, als ich das merkwürdige Gefühl hatte, irgendetwas stimmte nicht. Es dauerte eine ganze Weile, bis ich endlich begriff, was anders als sonst war: über mir war es absolut still. Eine geradezu unheimliche Ruhe schwebte von dort herab in meine Wohnung, so dass ich zu meiner Überraschung feststellte, dass draußen, in den kleinen Gärtchen, einige Amseln ihr Liedchen sangen. Das war mir nie aufgefallen.

Was mochte da oben geschehen sein? Hatte die Hausverwaltung sie aufgrund meiner zahllosen Beschwerdebriefe nun endlich hinausgeschmissen? Hatte der Mann seine Gefährtin mit dem Staubsauger erschlagen und sich anschließend mit dem Bohrer selbst gerichtet? Waren sie von einem Nilpferd gefressen worden? Ich wusste keine Antwort, aber ich war glücklich und sprach ganz gerührt ein Vaterunser in die Stille hinein. Das Leben hatte endlich wieder einen Sinn.

Vierzehn Tage später erfuhr ich übrigens, was tatsächlich mit ihnen passiert war, als ich nämlich beide im Hausflur vernahm, polternd und keuchend, krachend und lachend, mit schweren Koffern beladen. „Na" brüllte der Mann, „da sind wir also wieder zuhause!" „Ja" schrie die Frau zurück, so, als ob ihr das selbst noch gar nicht aufgefallen war. Das war es also. Meine Nachbarn waren einfach nur zwei Wochen im Urlaub gewesen.

Es war die schönste Zeit meines Lebens.

62. ...was ich noch sagen wollte

Es gäbe noch so viel zu erzählen über Berlin, das sich selbst bei oberflächlicher Betrachtung immer wieder als eine Stadt voller Überraschungen erweist.

Zum Beispiel, wenn man an die Orte denkt, die es längst nicht mehr gibt, etwa an den Club im sogenannten Tränenpalast, der schon dem Namen nach in einer so optimistischen Stadt wie Berlin in seiner ursprünglichen Form keinen Bestand haben konnte.

Oder an den Hochbahnhof am Nollendorfplatz, der zwischen 1972 und 1991 als Trödelmarkt genutzt wurde, bis widrige politische Umstände dem schönen Treiben ein Ende setzten.

Oder an die Gaststätte „Aschinger" mit seinen deftigen Erbensuppen, direkt gegenüber vom Bahnhof Zoo. Da wussten die Fahrgäste doch wenigstens gleich, wo sie waren. Oder an die Eislaufbahn mitten im Europacenter. Heute kann man dort nicht mehr auf dem Eis laufen, sondern nur noch ein Eis kaufen.

Oder an die künstlerisch wertvollen Augenblicke, etwa als ich 1975 einen Tagesausflug nutzte, um an der Komischen Oper – im damaligen Ost-Berlin – eine Aufführung von „Porgy and Bess" zu erleben, deren Wirkung so phänomenal war, dass ich, um diesen Eindruck nicht zu verwischen, jahrzehntelang kein Opernhaus mehr betreten konnte. Die Figur des „Sporting Life", sicher eine der dankbarsten Rollen in dieser Oper, wurde übrigens von einem gewissen Manfred Krug gespielt. Er war so dankbar, dass er sofort die DDR verließ.

Oder wenn ich an einen bekannten Berliner Musikverlag denke, in dem ich in den Semesterferien gearbeitet habe und allerlei musikalische Prominenz kennenlernen durfte, nur um ernüchternd festzustellen, dass diese auch ganz normale Menschen waren.

Oder wenn ich an jenen geheimnisvollen Ort denke, an dem die Grenzanlagen der DDR sich, von beiden Seiten wohlgemerkt, auf fast 100 Metern annäherten: die Straße zu Enklave Steinstücken.

Sie gehörte zwar zu West-Berlin, lag aber auf dem Territorium der DDR. Also konnte man nur durch eine Straße diese Enklave besuchen, rechts und links von den Grenzanlagen umgeben, das schmalste Stück West-Berlin. Eine der seltsamsten Autofahrten, die man sich denken kann, zu einem der seltsamsten Orte der Welt. Und alles nur, um dort ein kleines Stückchen völlig überteuerten Kuchen zu essen. Steinstücken hatte aber auch eine geopolitisch-strategische Bedeutung. Deshalb waren hier US-amerikanische Soldaten stationiert. Und zwar genau drei.

Dank

Bedanken möchte ich mich bei meiner Familie sowie bei Caro und Karo, Benjamin, Sylvia, Hartmut, Nora, JFK, Sandra und Ulrich, Mari, Kled, Lore, Katja, Thomas und Prisca, Michel sowie dem Verlag. Und schließlich auch der ebenso nützlichen wie unfreiwilligen Mitarbeit der Berliner Bevölkerung.

Ein ganz besonderer Dank geht an den Ingrid Richter Musikverlag (Teltow) für die Erlaubnis, aus Ulrich Roski's Gedicht „Schwoches geh`n mal auswärts essen" so ausgiebig zitieren zu dürfen.

Rolf Kohring,

im Schwabenland geboren, daher im Alter von drei Monaten nach Berlin ausgewandert. Nach einem mäßigen Abitur folgte das Studium der Geologie/Paläontologie an der Freien Universität Berlin. Logische Konsequenz: Diplom, Promotion, Habilitation. Anschließend der eher vergebliche Versuch, Flamencogitarre zu erlernen. November 2000 hat er den Alexander-von-Humboldt-Gedächtnispreis erhalten, in Frankfurt am Main. War er zwei Jahre lang Vorsitzender von GeoLogica e.V. Über 150 wissenschaftliche Publikationen in so beliebten Zeitschriften wie dem Journal of Vertebrate Paleontology oder der Geologischen Rundschau. Zahlreiche und anstrengende Expeditionen durch die USA, Marokko, Uganda, Tansania, Südafrika, Kenia, Swasiland, Mozambik, Australien und in die Frankenalb haben ihm vor Augen geführt, wie schön Berlin eigentlich ist. Und so entstand dieses Buch.

Alle im AAVAA Verlag erschienenen Bücher sind
in den Formaten Taschenbuch, Mini-Taschenbuch,
Taschenbuch mit extra großer Schrift
sowie als eBook erhältlich.

Bestellen Sie bequem und deutschlandweit
versandkostenfrei über unsere Website:

www.aavaa.de

Wir freuen uns auf Ihren Besuch und informieren Sie gern über
unser ständig wachsendes Sortiment.

Berna Kleinberg

Keine
Ehe
nicht

Gerd Kramer

Das versteckte Experiment

Ein Roman über die Entstehung des Universums

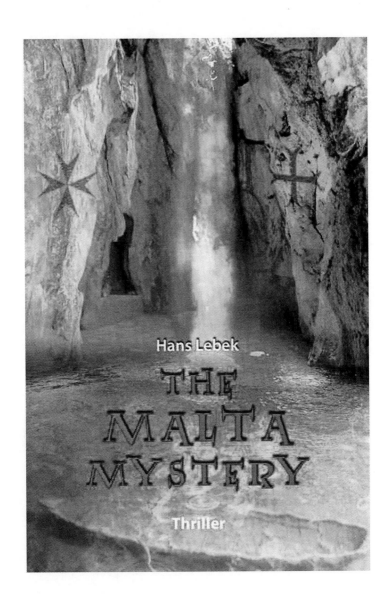

Hans Lebek

THE MALTA MYSTERY

Thriller

Sigrid Lenz

ILLUSIONEN

Roman

VERLAG

www.aavaa.de